「カラーの魔法」であなたが輝く!

なりたい自分になれるハッピーテクニック

西出博子/吉村まどか
Hiroko Nishide　Madoka Yoshimura

総合法令

どちらのベースの「オレンジ」が自然に見えますか？
（62ページ参照）

プロローグ

なりたい自分になれる カラーの魔法

幸せを呼ぶカラーとマナー

今から、あなたは魔法を使えるようになります。

この魔法で、あなたはあなたが望む、どんなあなたにも変身することができるのです。どんな素晴らしい人生をも歩むことができるのです。

さて、あなたは「どんなあなた」になりたいですか？

さあ、想像するのに、誰にも遠慮をする必要はありません。

……いかがでしょうか？　イメージできましたか？

今、あなたがイメージした「なりたい自分」は、きっと素晴らしく輝いている

のでしょうね。

この本では、今あなたがイメージしてくれた、「なりたい自分」になる方法をお話ししていきます。

もちろん、私は、マナーの講師であって、魔法使いではありません（笑）。だから、不思議な力であなたの願望をかなえることはできません。**でも、「なりたい自分になれる方法」をお話させていただくことはできます。**

じつは、私もこれで夢をかなえたと言っても過言ではないのです。


その方法……それは「色」のパワーに秘訣があるんです。

色には、あなたの可能性を広げ、夢をかなえるパワーがあるのです。


この本では、あなたにひとつの色を選んでもらって、そこから性格や運勢を占う……というような内容の本ではありません。スピリチュアルがベースの内容でもなければ、占いでもありません。

「マナー」に基づいた、カラー、色なのです。

「マナーとカラー？　関係ないし、そんなので夢がかなうんですか？」

プロローグ

なりたい自分になれる
カラーの魔法

こんな声も聞こえてきそうですね。

ここで少しだけ、マナーのことをお話させてください。私は、21歳の時に抱いた夢を実現させ、マナー講師になり10数年たちます。

マナーというと、形式、儀礼、義務……だと思っている方も多いでしょうか？

私が考えるマナーとは、**「相手を思いやる心」**です。その場にいる人々、相手との関係をスムーズに気持ちよく過ごすために、臨機応変な対応を取ることができるように、身につけておくべき「人間力」なのです。

たとえば……以前、あるクライアントの社長とお食事をした時のことです。フランス料理のレストランでした。テーブルの上には数種類ものナイフとフォーク、スプーンが。通常、外側からとってつかっていきます。しかし、社長は、内側からフォークを手に……。

あなたなら、どうしますか？　気づかせてあげるために、外側から取りますか？

この時私は、あえて、内側からフォークを手にしました。マナーの講師をしている私が、間違った作法をするのはおかしいでしょうか？

「社長にこの場で気分よくお食事をしてほしい」

私はこう思ったのです。そして、このような相手の気持ちに立って相手の行動にあわせるのがマナーなのです。

未来のあなたは誰と一緒にいますか？

そう、「相手の気持ち」に立って、**相手からどう見られるか、どう評価されるかという視点から、あなたが身につける色、また、あなたが何かをする時にイメージすると効果的な色**のお話をしていこうと思っています（もちろん、その色が持つパワーとその効果的な使用法もお話しします）。

「相手のことよりも、自分が満足できる『私らしさ』っていうのもあるんじゃないですか？」……こう言われることもあります。

どうでしょう。今一度「未来のなりたい自分」を想像してみましょう。

さて、あなたはどんな格好をしていますか？　何をしていますか？

そして、**誰と一緒にいますか？**

……もう、あなたにはわかっていただけたと思います。「なりたい自分」になるため、「夢をかなえる」ためには、やはり、周りの人とよい関係をつくることはもっとも重要なことなんです。人は、ひとりでは生きていけませんものね。この「マナー×カラー」のパワーこそ、あなたを輝かせ、そして周りの人も幸せにするパワーがあるのです。

ですから、恋にはピンクが効くとか、金運には黄色、オーラの色は紫色……という単純な「○色＝○運」のようなお話はいたしません。

でも、**確実にこのマナー×カラーのパワーで効果はあらわれる**ことでしょう。

カラーの効果を多くの方が発揮しています

私が経営する会社ウイズ・リミテッド日本支社では、マナー講座の一環で、この本の執筆を一緒にしている吉村まどかさんらとカラー講座を行っています。

カラー講座で、多くの女性にマナーとしての色のお話をしてきました。そして、多くの女性から、**「新たなる自分を発見できた」「色を知って自分が変わった」**……こんな声をいただいているのです。

ほんの一部を紹介いたしましょう。

◆今まで私は黒かグレイの服しか着ていませんでした。ほかの色に興味もなかったのです。しかし、ある日、赤やピンクに目がいくようになり、この色を着てもいいのか自信がなくカラー講座を受講しました。結果、私にはいろんな色が似合うことがわかり、多くの色を身にまとうようになったら、みるみる**人脈が広がったんです。色のパワーのすごさを実感**しました。（28歳　K・Tさん）

◆結婚して子育てに追われる毎日で、洋服になんて意識を向ける余裕がありませんでした。少し時間に余裕ができ始めた頃、西出先生のハッピーマナー公開講座を受講して、カラーのお話を伺い、特別に診ていただきました。先生のアドバイス通り、明るい色を着るようになったら、**家の中が明るくなった**と主人と子どもたちからほめてもらえました。**イライラ・ガミガミママから、やさしい明るいママに変身**できました！（35歳　I・Kさん）

◆色にはなんとなく興味があったので、吉村先生にパーソナルカラーを診ていただきました。ショックだったのは、**私に一番似合う色を私は一度も着たことが**

なかったのです。今までの人生を棒に振ったような気持ちになりましたが、このことを知ってよかったです。なぜならば、一番似合う色を着ずに人生を終えたかもしれないから。（42歳　S・Yさん）

◆先生の講座を受けて、色のアドバイスももちろんよかったのですが、「背伸びをせずに、その年齢相応のおしゃれや身だしなみをすることがたいせつ」との言葉が印象に残り、それまで荒れていた心がほっとやすらぎました。（21歳　T・Yさん）

◆人前で話すことが苦手なので、はじめは西出先生の話し方の講座に通いました。緊張する私に西出先生は「そういう時は、ベージュのランジェリーとスーツにしてみて」とアドバイスをくださり、試してみたら安心して落ち着いてプレゼンテーションができ、見事その企画が通りました！　それ以来、仕事運がアップし、とてもうれしいです。（36歳　T・Kさん）

いかがでしょうか？　あなたにも、もっといろんな色を知ってほしいのです。そして、色のパワーを実感してほしいと思います。私たちの伝える色は、今のあなたに必要な、その人に合うオリジナルカラーを伝えるものです。

本書では、あなたにその都度、色のことを考えてもらいながら進行させていただこうと考えています。書き込むところをところどころもうけています。

この本に書き込んでも、また、メモ用紙やノート、スケッチブックに書きながらすすめていただいてもけっこうです。「色鉛筆」などをご用意いただけると、いっそう愉しく読み進むことができますよ。

愉しく色とたわむれながら、あらたなる輝くあなた、輝く人生を見つけてください。

あなたを変えるパワーが、色にはあるのです。

西出博子

この本の見方

：　西出博子が執筆しています。

：　吉村まどかが執筆しています。

CONTENTS

Chapter2 あなたの美しさを引き出す！　カラー・テクニック

Chapter3
愛される女性になるカラーの魔法

Chapter4
ビジネスシーンで輝く! カラー・テクニック

Chapter5
カラーのパワーであなたを癒す

装丁　E-Branch 冨澤崇
装丁・本文イラスト（人物）ひぐちともみ
本文イラスト　八木美枝

Chapter 1

人生を幸せに導く
カラーのパワー

Hiroko

身につけているカラーであなたの人生がわかります

今、何色の服を着ていますか?

今、あなたは何色を身につけていますか?

あなたが今着ている色：

あなたの家のクローゼットのメインの色：

朝起きて選んで着る服は、その日のあなたの気分をあらわします。つまり、**あなたが望む一日がその日の洋服の色にあらわれている**のです。

そして、あなたのクローゼットは何色になっていますか?

いつも身につけるその色は、あなたに宿る潜在的な気持ちのあらわれです。

つまり、**あなたのその時の人生があらわれている**のです。

参考までに、少しだけですが、どの色がどんな人生をあらわしているかをあげておきます(私と吉村まどか先生の見解をあわせたものです)。

【黒】 人から強く思われたいが、内側の弱さを秘めている。ドラマチックな印象。心をひらいていない、自分を見せない。終止符を打ち、新たな方向に進みたいという願望。

【ベージュ】 人を安心させる、ほっとさせる魅力のある人。穏やかな落ち着きのある精神状態。目立とうとせず、心が落ち着いている。

【白】 純粋であり、潔癖さや誠実さを強く求めている人。明るさを求め、清純さをアピール。

【赤】前向きなやる気のある人だが、マイナスに転じると攻撃的な要素も。情熱を求めている。パワーが欲しい。

【紫】感受性や芸術性の強い人。自分の世界にこだわりがある人。上の地位、教祖様的な存在を希望。官能的欲望。

茶色の洋服に身を固めていたころ

20代後半の私のあだ名は、「根なし草」でした。

「ひろこちゃんって、いつも全身焦げ茶だよね」

ある日、友人のユカちゃんが私の格好を見てポツリと言いました。

「ん？　そう言われてみればそうだよねー。私、この色好きなんだぁ！」

なぜか、とっさに私は言い訳をするように、明るくそう答えたのです。

ユカちゃんの言葉に何か引っかかるもの感じ、あわてて私のワンルームの部屋に帰り、クローゼットを開けてみました。

……そこは見事に**「焦げ茶色」の洋服ばかり**。

靴も、ストッキングも、ヘアアクセサリーも、バックも。鏡に映った顔を見ると、アイシャドウもリップも茶系……。

「いいじゃん。だって、私この色好きなんだもん。オシャレだよね。みんな黒ばっかり着ているし……」

この当時の私はひとり暮らしで、どこにも所属せず、ひとりで夢を実現しようとしていました。でも現実は、仕事も収入もない、今で言う「ニート」でした。

友人たちはほとんど結婚してしまい、夜遅く電話で話をしてくれる友人もひとり消え、ふたり消え……気がつけば、年下の友人ばかりとつるむ日々。そのくせ、引っ越し貧乏となるくらい、ちょこちょこと引っ越しを繰り返していましたが、どこに移り住んでも心が満たされない。満足しない日々……。

しかもこの頃、実父がこの世を去り、実母とは絶縁状態になり、友達はいても「私はひとりぼっちで帰る居場所はない」といつも寂しさを感じながらも、人には決して弱みを見せなかった頃でした。

そうです。毎日、茶色で身を固めていた私は、**安心してどっしりと根をはることのできる、母なる大地を求めていた**のです。


あなたはいかがでしょうか？

今一度、鏡を見てみましょう。
クローゼットを開けて見てみましょう。
その色が、あなたの今の人生をあらわしているのです。

がんばっているのにうまくいかない人生はなぜ?

空回り人生の原因は?

あなたの夢はなんですか?

「通訳として海外で活躍すること」

「フラワーアレンジメントの講師になること」

「大好きなアジア雑貨を販売する雑貨ショップを起業すること」

「公認会計士になること」

「プロのデザイナーになること」

「大好きになれる人と出会い、結婚すること」……

私、吉村まどかは西出博子先生と一緒に、多くの女性にマナーやカラーの講座を通して接しています。そこで、前述のような夢に向かっている方のお話をお聞きします。夢に向かっている女性はとってもステキですよね。

でも……。「一生懸命、がんばっているのに認められない……どうして？」

このような悩みをうかがうことがあります。

会社でのシゴトに限らず、趣味のサークルや恋愛でも、がんばっているつもりでも空回りしてしまう……そんなあなたは、**普段身につけている「色」に原因があるのです。**

人生をあらわしている色については、17ページで、西出博子先生が解説してくれましたよね。ここで重要なのは、**身につけた色によって、あなたは周りの人にどういうふうに見えていたか**ということなんです。

あなたが身につけているカラーは周りからどう映る？

私自身も、そんな20代を過ごしてきたひとりでした。

20代の私は、バシッと襟を立てたモノトーンスタイルで身を固めて、ほほえみや愛想はスキを見せることにしかならないと信じていました。

でも、バリバリとシゴトをこなしているつもりでも、いっこうに上司には評価されませんでした。

なまじ、「かっこいい！」と慕ってくれる後輩がいたため、これでよいと自分をだまし、どうして結果が出ないのかと愚痴ばかりこぼして、ますます暗くなっていた気がします。

そんなダークスーツで武装をし、固い表情の私をみる周囲の目は……。まさに負のスパイラルでした。

「がんばっているつもりなのに結果が出ないのはどうして？」

そう、私の視点はフィルターがかかっていてまったくズレていたのです。

職場において、自分を評価するのは誰かと言えば、まず上司です。後輩でも、ましてや自分自身でもありません。若い20代のうちに求められていたのは、カッコよさやシゴトができることより、まず素直さと感じのよさだったのです。

社会に出てほとんどのことは、自分ではなく「相手」によって決められています。恋愛だったら、評価するのはやっぱり恋愛対象の相手ですよね。

このことに気づいたのは、やっと30歳を過ぎてから。評価されたかったら、自分がどう思うかではなく、**相手がどう思うかに視点を移さなければならない**のです。そう、**相手から感じがよいと思われるような服や色を**効果的に使うべきだったのです。

気がついた時からあなたは変わります

周りへの視点を無視したシゴトや恋愛をしているコを時どき見かけます。

「私、がんばってるのに……。こんなにやってるのに……」という胸の内のつぶやきが聞こえてくるようです。

そんなコを見ると、私は何とも言えず苦い思いで胸がチクンとします。そして、心の中でそっとつぶやくのです。

「私も昔そうだったの。でも、人っていつだって変われるのよ」

あなたの人生を「カラー年表」で振り返ってみましょう

カラー年表をつくってみてください

さて、今まで私（西出博子）と吉村まどか先生の悩んでいた20代――茶色の洋服ばかり着ていた不安定な毎日や、黒のスーツで武装して、がんばってもうまくいかなかった――という、お話をしてきました。では、あなたのその時代ごとの**人生と、カラーの関係はどうだったでしょうか？**

できれば、多くの色が並んでいる色鉛筆を用意してください。そして、つぎの年表に年代ごとに、**そのころ好きだった色とその時代を色に例えると何色なのか、**自分を振り返りながら色を塗ってみましょう。堅苦しく考えずに、色と愉しんで遊ぶ感覚でやってみてくださいね。

年齢	好きだった色	この時代を色で表すと？
歳	色	色
歳	色	色
歳	色	色
歳	色	色
歳	色	色
歳	色	色
歳	色	色
歳	色	色
歳	色	色
歳	色	色
歳	色	色
歳	色	色
歳	色	色
歳	色	色

好きな色とあなたの現実は異なります

いかがですか？　愉しく色と遊べましたか？　ここで、ご確認いただきたいことがあります。

その時代に好きだった（気になっていた）色と、その時代を色で表現した時の色は、**年代毎に左右同じ色になっていますか？**

もしも、自分の好きな色とその時代を例えた色が同じだったら、それは大変幸せなことです。自分の好きな色と同じ人生を歩んでいる人は何人いるでしょうか？　反対に、もしも左右の色が一致していなくても心配ご無用。

なぜならば、ここでたいせつなことは、「自分が好きな色と現実は異なる」という発見・気づき・認識・理解・納得できる自分になることなのです。

この現実を受け入れることができるあなたであれば、幸せはもう目の前に訪れています。夢をかなえることができ、新しい自分になるための分かれ目。それは、**過去・現在のあなたの状態を見極め、そして、それを受け入れることができるか**どうかなのです。

Hiroko

ほんとうの自分がわかる「カラー日記」

今日のあなたのカラーは？

今日のあなたの嫌いな色は何色ですか？..
今日のあなたの好きな色は何色ですか？..

できれば絵の具を準備して、様々な色を混ぜ合わせて、自分の好きな色を自分

で作りスケッチブックに塗ってみましょう。

反対に、嫌いな色も自分で作って塗ります（絵の具がない時は、色数の多いクレヨンや色鉛筆でもいいでしょう）。

文字ではあらわせない感情がわかります

悩みを相談された時、私なりのアドバイスをさせていただいた最後に、次のようなアドバイスをさせていただくことがあります。

「カラー日記を書いてみたらどうかしら？」

カラー日記の作り方

①絵の具とスケッチブックを用意します。
②その時に好きだと思う色と、嫌いだと思う色を自分で作ります。
③スケッチブックにその日の年月日と、「好き」「嫌い」という文字を書き、その文字の横か下に先ほど作った色を塗ります。

5月13日(日)
好きな色
嫌いな色
5月14日(月)
好きな色
嫌いな色

通常の日記のように、感情を文字で書くというのも感情を発散させる効果と、自分を見つめ直し心を落ち着かせる効果があります。でも、自分の気持ちをあらわす言葉が見つからないほど心が疲れて、荒れ果てていることってあるんですよね。そんな時に効果的なのが、カラー日記なのです。

もちろん、日記ですから他人に見せる必要はありません。自分だけが理解できればよいものです。

言葉は、気持ちがなくてもその言葉を書こうと思えば書けます。

しかし、カラー日記は二度と同じ色配分で作ることのできない日記なのです。その時の状況を正確に表現している、世界でたった一色の真実の日記です。

この、自分の感情を色で表現するカラー日記は、**あなたの創造力、芸術性、遊び心、枠からの解放感、自由な発想などを養うことができます。**

カラー日記で悩みの原因がわかった

私の20代は、悩んでいた日々でした。20代前半のＯＬ時代は、職場の人間関係に悩む日々で、20代後半は家族や仕事内容で苦しむ毎日でした。

「何らかの形で自分の感情を形にしてみたい」。ふと思い立って書き始めたのが、「カラー日記」だったのです。言葉で言いあらわすことができなくても、色を通して伝えたい気持ち、見れば伝わる気持ち、感情があります。

好きな色や嫌いな色、その塗り方、筆のタッチ……日々、変化していくその日記は、今見直すと当時の私の精神状態が、いかに安定していなかったかということがわかりました。

でも、私はいつしか**この感情を伝える「相手」を想定して**、色を作るようになりました。

「この配分の色だったら、あの人はこの気持ちをわかってくれるかな?」

「もう少し明るい色のほうが、うれしい気持ちはずっと伝わるかしら……」

混ぜ合わせる色の配分に気を配り、相手に自分の感情が正確に伝わるように、丁寧に慎重に精密に集中して行っていました。

私はこの日記を描く以前は、それまで人に対して自分が伝えたいと思うことを、「自分の感情に任せて」一方的に伝えていました。

そう、この日記で色の配分を考えるうちに、相手とGOODコミュニケーションをとるには、**相手に理解してもらえるように、相手に伝わるように伝える必要性があること**に気づいたのでした。まさにこれこそ、マナーの真髄ですよね。

人間関係、家族関係、仕事のことで悩んでいた私には、これはとてもよい気づきになったのです。


あなたは、この日記を通じ、どんな自分自身と出会えるでしょう。

自分自身を知ることによって、何に気づくでしょうか。

あなたも、今日からカラー日記をはじめてみませんか？

Hiroko

夢をかなえる「幸せ風景画」レッスン

イメージは現実化する

「イメージは現実化する」。こんなことを聞いたことがありますか?

このことをマーフィー博士や、多くの成功哲学を研究している方が提唱しています。

潜在意識は、現実におこっていることと、イメージで見ていることの区別がつかない……だから、イメージすれば、現実になってしまうということです。

そのため、夢を常にイメージをしておくと現実になり、逆に「こうなったら嫌だな」と心配し過ぎてもそのとおりになってしまうのです。

イメージするといっても一回くらいなんとなく想うのではなく、**常に、より鮮**

明に、ありありと想い浮かべるのがポイントです。

そのために、とても効果的な方法があります。

それは、**イメージしたものを絵に落とし込む**ということです。絵を描きながらイメージすることで、よりリアルに色をともない細部までイメージでき、臨場感をもって感じることもできます。そして、常にそれを眺めることによって、現実に引き寄せることが可能なのです。

私も、イメージが現実になった経験があります。

それは、とても不思議で、そして幸せな体験でした。

幸せ風景が現実に

仕事も恋愛も、何をやっても上手くいかない29歳の時に、私は色を学ぶことと出会いました。留学するまでの3年間にわたるカラーの勉強の中で、とても印象深い衝撃の出来事がありました。

ある時、私は色が見えなくなってしまったのです。色が見えないと言っても、色はしっかりと赤青など識別はできるのです。でも、カラーレッスン教室で、

400枚の色のカードを各色のトーン別に並べ替える授業中、私は何をどうしていいのかわからなくなってしまったのです。

すると、カラーの先生、眞理先生から「ひろこちゃん、もうやめていいわ」と言われ、代わりに一枚の画用紙と24色の色鉛筆を渡されました。

眞理先生は、私に色の知識をすべて教えてくれ、それだけでなく人としての生き様を教えてくれた師匠です。

「ひろこちゃんは**今、どんな状態にいればハッピーと感じる？**　そう思う絵をここに描いて」

絵がとても下手な私は困り、嫌だなと思いました。でも、先生から言われたのでしぶしぶ描きはじめました。

私がこの時描いたのは、若草色の大草原の小高い丘に小さな白い教会。そして、その草原の上に、私ともうひとり女の子が座って2人の間には、ちっちゃな白いワンちゃんがいる……という絵でした。

描き終わった後、眞理先生は「そう、この場所にあなたは行きたいのね」と、おっしゃいました。

私は「はい」と返事をしたとたん、号泣してしまったのです。

なぜ、号泣したのかはわかりません。ただただ泣き崩れるばかりでした。眞理先生はそんな私を聖母マリア様のように優しく黙って見守ってくれました。泣き終えたあと、私は、妙にすっきりし、瞳は澄み、目力がある私になれました。

その日から、私は自分の将来、夢を考えるたびに、いろんな情景が思い浮かぶようになり、その都度絵に描くようにしました。

「湖面にうつる山や樹。波紋が押し寄せてきても、そこに揺るぎなくうつり続ける姿」……ある時、こんな風景画を描きました。

絵を描くようになってから、1年後、私は、スイスのマッターホルンへスケッチブックとクレヨンも持って行きました。

そこで見たものは、湖面に浮かぶ「逆さマッターホルン」。

私は自分が描いた絵を思い出しました。そう、紛れもなく私が描いたことのある、あの湖面にうつる山や樹の風景が目の前にひろがっていたのです。

これ一度だけではありませんでした。ドイツに行った時には、あの号泣するきっかけとなった大草原の丘の小さな白い教会……の絵とほとんど同じ光景が目の前に現実となったのです。

もちろん、白い小さな教会へ足を運びました。

するとまた、あの時の気持ちと同じように胸がいっぱいになって、自然と涙がほおをつたいました。とても幸せな満ち足りた気持ちになったのです。

それから私は何か苦しい時、つらい時があるたびに自分が描いたその絵を見直しては心を穏やかにほほえませ、幸せな気分にひたるようにしました。

あなたの「幸せ風景画」を描いて見よう

あなたは今幸せですか？　幸せを感じる人も、そうでない人も、ぜひ、あなたの考える幸せな風景を描いてみてください。

画用紙と24色の色鉛筆を用意して、思うままに描くのです。

そして、**下の端にサインをいれて、裏にはその日の日付**を入れましょう。

あなたの描いた絵が、あなたの現実となりますように……。

そして、あなたの描いた絵があなたを支えてくれますように……。

人生に「幸せスパイラル」を起こす秘けつは、いろいろなカラーを受け入れること

好きなカラー・嫌いなカラー

カラーの講座を行う時に、参加されている方に必ず聞くことがあります。

「この中から、あなたの好きな色と、嫌いな色を選んでください」

これは、私がはじめてカラーレッスンを受け始めた時に、眞理先生にも、同じことを聞かれました。「好きな色と嫌いな色はどれ?」と言われたので、それぞれを伝えました。

すると、眞理先生は、

「今のままでは、あなたは仕事も人間関係も上手くいかないわ」

この言葉は、とてもショックでした。

選んだ色が問題なのではないのです。

嫌いな色があることが問題だったのです。

色眼鏡でカラーも人間関係も判断してはいけません

当時の私は、好きな色も嫌いな色もはっきりしていました。

そして、嫌いな色は一切自分の生活の中にありませんでした。それが、「私」という個人をしっかりともっている証拠だと自信をもっていました。

ところが「私」はあっても、会社やその他、人間関係はいつも悩みの連続でした。

「友達がいないわけでもないのに、なぜ職場で多くのみんなと上手くコミュニケーションをとることができないのだろう?」「なぜ、仕事で多くのみんなから受け入れてもらえないのだろう?」

その答えが、先ほどの眞理先生の言葉の理由ですべて理解できたのでした。

そう、私が多くの人から受け入れてもらえなかった理由は、私自身に問題があったからなのです。

人には感情があります。そして、その感情は第一印象で「好」か「嫌」のふたつに瞬時に分かれるもの。

第一印象で感じた「嫌」の感情は、なぜかその後も尾をひき、自分の勝手な主観で相手を判断した上に成り立つ人間関係のスタートとなります。

このように、人を自分勝手な色眼鏡をかけて見ては、相手からも同じくそう見られるということなのです。

「自分は人から好かれたい」、「よく思われたい」、「プラスに評価してもらいたい」と願うのであれば、まずは、**自分が人々に対して「嫌」の感情をなくし、ニュートラルな感情から入っていくこと**です。

「嫌」な感情は「嫌」な表情になっていますから、そこに笑顔はありませんね。

心のパレットに白を足していきましょう

色を学んだ3年間で、私は嫌いな色は何ひとつなくなりました。

どんな色とでも愉しく、また幸福感を感じながら接することができるようになりました。

その後幸せスパイラルを巻き起こす私の英国での生活は、出発前の3年間、眞理先生とカラーとの出会いがあったからこそと感じています。

もしも今、あなたが何かを悩んでいたり現状に不満があったりするなら、それはきっと今後のあなたをより一層ハッピーに輝かせてくれるための準備期間なのです。

人は幸せを感じている時は学ぶ心のレベルが低下します。

悩んでいるからこそ、学びのレベルはアップするもの。人生つまんない、上手くいかない、愉しくない……など、一見それはネガティブな感情と思われますが、どうかそんな自分を受け入れて、自分を自分で癒してあげてください。

ネガティブな感情をもっている自分を認めてあげてください。悩んでいる自分をほめてあげてください。ネガティブがあるからポジティブがあるのです。

幸せをイメージするピンクも、それに少しずつ黒を足していけば、最後は真っ黒になります。

人生も同じです。大切なことは、今は幸せ感を感じていなくても、自分でこれ以上、自分の心のパレットに黒を混ぜていかないこと。

心のパレットには、少しずつでいいから、今日から純白を足していきましょう。

心のパレットに白い絵の具を足していくのは、あなたにしかできないことです。

そうすれば、きっとあなた自身も、あなたの人生も、間違いなく今よりもっと輝きます。

カラーでハッピー1週間！

Madoka's Column

西出博子著『愛されOLになれる1週間おシゴト術』（総合法令出版）によせて、愛されOLになれる日々の色の取り入れ方を解説してみました。色を取り入れて、あなたの毎日をハッピーに！

【月曜日　週のはじめは「オフィスマナー美人」】

☆赤のパワーでモチベーションアップ

赤には、やる気を演出する効果があります。遊び疲れた週末の疲れも吹き飛ばし、週のはじめを過ごすために上手に取り入れたいですね。目を引く色だけに、身につけるのをためらわれる方も多いと思いますが、アクセサリー、バッグなどの小物で取り入れてみてはいかがでしょうか？　私の場合、ちょっと疲れ気味……という時、ランジェリーとしてまとうと元気が出ます。それでも、身につけるのはためらわれるという方には、洗面所に一輪赤い花を飾るのもオススメです。

【火曜日　気合を入れよう！　オフィスのシゴト術】

☆シゴトに効く！　紺、黒、グレーをうまく着こなす

紺、黒、グレーはビジネスで信用を得るには不可欠な色。おシゴトスーツの定番色ですね。そんなダークな色を身にまとう時は、自分の顔色を引き立たせてくれるパーソナルカラーから、パステル調のインナーを選んでみてはいかがでしょう。または、柔らかいニットなどの素材で女性らしい印象を添えるのもいいですね。孤高のバリキャリウーマンより、肩の力を抜いたマナーある自然体で自分も周りもハッピーに。

【水曜日　知的な「ビジネス」文書で差をつけよう】

☆青とベージュの効果でオフィスシゴトを乗り切る

明日までにまとめなきゃいけない報告書がある、大事なお礼状を作成しなければいけない……集中力を高めるのに効果的なのが青です。青いポストイットや青いペン立てなどの小物をデスク周りにおいておくのもグッドです。そして、ストレスの多いオフィス環境にリラックス効果があるのはベージュ。人肌に近いぬくもりで、安心感をもたらすベージュのスーツにブルーをインナー、ベルト、アクセサリーなどワンポイントで合わせ、ゆったり、じっくり取り組んでみてはいかがでしょう。

【木曜日　実力発揮！　取引先とのシゴト術】

☆紺×赤でプレゼン成功！

プレゼン、大事な会議には、紺がなんといってもオススメ。男性なら、紺のスーツに、アメリカ大統領選で有名になりました赤のネクタイでパワー、やる気をアピールといったところでしょうが、赤の「パワータイ」とはいかない私たちは、応用編で赤のインナーでアピール。色の力に後押ししてもらって、無事契約成立を目指しましょう！

【金曜日　週末はシゴト関係のお付きあいも活発に】
☆イベントはイエロー系で華やかに
週末のイベントも目白押しの金曜日ともなれば、アフター5は少し華やかにしたいもの。異業種間交流会で初対面の方と名刺交換、などという場合は、話しかけやすい印象を演出してくれるイエローやオレンジをインナーやアクセサリー、バックなどに取り入れてコーディネートしてみては。オフィスでしっかり着用していたダークな色のジャケットをぬいで、肩を出した個性的なトップスに、アクセサリーをプラス。リップも少し華やかなものに代えれば、仕事帰りでも充分パーティー仕様に。その場にふさわしい身だしなみをわきまえた、マナーある女性は魅力的ですね。

【土曜日　お休みの日だって、愛されOLの本領発揮！】
☆彼とのデートはやっぱりピンク！
愛され色№1と言えばやっぱりピンク。私自身は、残念ながらかわいらしいベビーピンクやパステルピンクは、顔にはえないのです。ですので、すこしパープルがかったグレイッシュなピンクのランジェリーをまとうなどして取り入れていますが、それだけで女らしい気分になるから不思議。お似合いになる方はぜひ、彼とのデートにはぷるぷるのパステルピンクのグロスで、愛されオーラを発揮して！　女性らしさを強調するラベンダー色のニットにベージュのスカートなどのやさしいコーディネートもオススメです。

【日曜日　輝く明日の私のために充電】
☆緑と白のパワーで1週間の充電

本を読んだり、たまった資料を整理したり、時にはお世話になったあの方にメールや手紙をゆっくり書く……そんなステキな日曜日をすごす時に、身近にグリーンがあるとやすらぐもの。緑のリラックス効果は公園などのアウトドアで誰もが経験済みですね。我が家では幸福の木とよばれる「パキラ」のグリーンを窓辺に感じながら、明日からのおシゴトに備え、白いパイル地のゆったりした部屋着やバスローブでくつろいでお肌のお手入れなど。白のリフレッシュ効果が気持ちを新たにリセットしてくれます。

参考文献
『色だけで強運になれる技術』（木下代理子著／PHP研究所）
『飛べないあなたに羽をつける方法』（こがけいこ著／アメーバ・ブックス）
『カラーコーディネーター入門「色彩」改訂版』（大井義雄、川崎秀明著／日本色彩研究所）

Chapter2

あなたの美しさを引き出す！
カラー・テクニック

誰でも七色に輝く「ほほえみ」をもっています

あなたが輝くためのベースを作りましょう

この2章では、あなたの輝きを引き出すような「色」を用いた、メイクや髪型のお話をさせていただこうと思います。

でも、色を取り入れる前に、**あなたが輝くためにとても重要なベースがあります。**

それは、**「表情」**です。誰でも、すばらしい「ほほえみ」をもっています。

そのほほえみは、あなたを輝かせてくれます。また、周りの人を明るく、幸せにする力をもっています。

「他の人は知りませんが、私は笑顔が苦手です」

「もともとの顔が怖いのでムリです」……こんな声もありそうですね。

大丈夫です。ほほえみは、ちょっとしたコツをつかめば誰でもできます。そう、練習次第であなただけの美しいほほえみが生まれるのです。

ほほえみ美人レッスン

ここで、少し美しいほほえみの作り方レッスンをしましょう。よく、わりばしを一文字に口にくわえるとか、口角をひっぱる（いたそうですね！　笑）などのテクニックが紹介されているのを目にします。

効果はあるかもしれませんが、私たちは実際人前でほほえみを作る時に、割りばしをくわえたりはしませんよね。

だから、そんな方法はとりません。それよりも、**自然なほほえみのためには、まず心がほほえむこと**です。いくつかおすすめの具体的な例をあげますね。

●「一番好きな食べ物を思い切りいただくところ」を想像

自然にほおは緩むハズ。そのほんわかした気持ちをいつもイメージできるようにしておくことはたいへん効果的です。

●置けるところにはどこにも鏡を置き、表情チェックをまめにすること

ハッと気付くと、無表情だったり怖い顔だったりすることは案外多いもの。鏡でそんな自分を見れば、ハッとして思わずよい表情を作ってしまうのです！　我が家では、各部屋にひとつ、仕事場ではPCの前にも鏡を置いて、いつでもチェックできるようにしています。

●鼻から下を隠し、目をほほえませる

西出博子先生が、某テレビ番組で人気タレントさんへも伝授した感じのよい表情レッスン方法がこれです。西出先生ご自身も20代、30代の頃は毎日鏡に向かってこのレッスンを行っていたそうです。そんな西出先生の瞳はいつもほほえんでいて、輝いています。

あなたの表情は周りに影響を与えます

私も今でこそ、「笑顔が自然でよいですね」と、うれしい言葉をいただくことがありますが、小さい頃から背が高く、色黒でやせっぽちで「カワイイ」からほど遠い女のコでした。父のシゴトの都合で引っ越しが多かったせいもあり、妙にさめて大人びた部分がコンプレックスで、「私に笑顔なんて似合わない」と決めつけ、暗〜い10代を過ごしました。そしてがんばるほど空回りした20代。家族の「笑えば感じがよくなるのに」という声にも耳を貸さず、どうせ私はかわいくないし、感じよくないし、と逃げていた部分もあったと思います。

でも、結婚をして夫と暮らすようになってから、自分の表情と否応ナシに向き合うことになったのです。ドライブに出かけても助手席でぼーっとしていると、「ほらー、またコワい顔してる、無表情な顔コワいって言ったのに！　鏡チェック！」と、車のミラーで確認させられます。

家事の分担やシゴトの相談など、議論が白熱してついつい真剣すぎる表情になった時も、「ほらまたコワい顔になってる、鏡見てみろ！」と目の前に鏡がドン。でも、人って鏡を前にすると無意識に顔を作ってしまうのですよね。「違う、その顔じゃない！　さっきのコワい顔もっかいするの！」と、追求され、がんばって再現して鏡を見ると……。うぅ……ホントにコワい顔。

「あのなー、君は笑ってれば最高なんだけど、笑ってないと最悪なの。そのコワい顔を毎日見せられている上司や同僚、オレの身になってみろ。ホラー映画か、妖怪ぬらりひょんだぞ⁉　君の職場での評価が心配だよ。それでマナーの先生か?!」。実際に鏡で「コワい自分の顔」を見ているので、納得。返す言葉もありません……。


講師活動を始めたころ、西出博子先生や、同じアシスタントの先生にも、同じようなご指摘を頂戴いたしました。

勇気をもって改めて自分自身を見つめてみると、私は目がキツイところがあって、親しみやすい顔つきではありません。さばさばした性格がそっけないとうつることも。

そのうえモノトーンのパンツスーツやタイトスカートで武装していることが多かったため、下手すると「とりつく島もない」雰囲気だったのです。

それをカバーするためには、せめて明るい表情と態度が必要だったのに、私に笑顔や優しい物腰は似合わないと決めつけていました。この思いこみを取り除くところから始めなければならなかったので、時間もかかりました。

「先手必笑」にはオレンジ・黄色などをイメージして！

自分が見えたら、改善点が見えます。

企業のトップが職場の問題点を探して、改善するのと一緒ですね。そう考えたら「自分を客観的にみて改善することは、自分で自分自身を経営することだ」とひらめき、おもしろくなりました。

職場、プライベートを問わず、あらゆる場面で試してみました。例えばシゴトで、アルバイトの学生さんがぶっきらぼうな質問の仕方をしてくる時、**満面の笑みで答えてみると、みるみるうちに相手の表情にも笑みが浮かびます。**

先手必笑®で、ビジネスもプライベートもハッピーに。これは、西出博子先生の提唱するビジネスマナーのマインドです。

それでも、「自分からほほえむのはなんだか恥ずかしくって」という方は、**社交的なイメージのオレンジ、黄色や、愛されカラーのピンクを目に付くところに**

もちいたり、イメージしたりして行ってみてはいかがでしょうか。

自然なほほえみのコツは、周りを巻き込むこと、練習すること、そしてあきらめないことです。当たり前のことですが、顔だけほほえもうと思っていても、心がほほえんでいないと嘘の表情になってしまいますので、自分自身をポジティブな状態に保つことが求められます。

今でも指摘を受けますが、あきらめないで練習を続けて、たまには人さまからよい評価をいただけるようになりました。

あなたも鏡の前に立ってみましょう。そして、客観的に見ることから始めてみませんか。

さあ、ほほえみの輝きを見つけたあなたには、どんなメイクが、どんなカラーが似合うのでしょうか？

Hiroko

あなたはどっち？ブルーベース、イエローベース

４つの季節に分ける

一般のカラーコーディネートでは、人を４つの季節に分類していき、一人ひとりをひとつの季節に当てはめていきます。

それでは、それぞれの季節からイメージする色をひとつ挙げてみましょう。次ページの上の枠に色を塗ってください。

ちなみに、私はこのように塗ってみました（次ページ下）。あなたのパレットと同じでしたか？　これは、何が正しくて、何が間違っているということではありませんからご安心を。

あなたのイメージする季節の色は？

季節のカラーパレット	色
春	
夏	
秋	
冬	

私（西出博子）の季節の色のイメージ

季節のカラーパレット	色
春	ベビーピンク
夏	ベビーブルー
秋	柿色
冬	純白

※何が正しくて何が間違っているということはありません。

この4つの季節はそれぞれ一色だけではなく、さまざまな色の集団でできています。くわしくは、オールアバウトジャパン「パーソナルカラーの4つの基本タイプ」でご確認ください。

(http://allabout.co.jp/fashion/colorcoordinate/subject/msubsub_season.htm)

ただし、これらの色は大きく2つの仲間に分類することができることをぜひ知っておいてください。これが、「ブルーベース」と「イエローベース」です。ブルーとイエローがあります。

例えば、この本の冒頭につけてある口絵の「オレンジ」はどちらの仲間に入ると思いますか？　もうおわかりですね。このオレンジはイエローベースです。見方は、いかに色と色同士が自然に融合していると感じるかです。

それでは、今度は季節毎にブルーベースか、イエローベースかを書いてみましょう。

春：
夏：
秋：
冬：

春はイエローベース、夏はブルーベース、秋はイエローベース、冬はブルーベースと分類しますが、あなたの分析はいかがでしたか？

あなたはどの四季ですか？

さて、つぎはあなたを四季にあてはめてみましょう。

①鏡の前に立ってください

②自分の顔を見て、**直感的に自分はどの季節か**をつぎのページの表1に書いてみましょう（もしも迷った時は、2つ書いても結構ですよ。もしも2つ書いたら、その2つのうち、どちらかと言えば、こちらかなぁと思う方に○印をしてください）。

③つぎにご家族や友人に「私って季節で言うとどの季節にあてはまると思う？」と質問をして記入してみましょう（表2）いかがでしたか？　ご自身の診断と、他人からの診断は一致していましたか？

④さて、ここで、最終的に、あなたがイエローベースか、ブルーベースであるかを、**自分自身で判断してみましょう**。そして、迷ったら、基本とサブの両方を自己診断表に記入してみましょう。

自己季節診断結果

（表１）

あなたの名前	
季節	

（例）

名前	えび田えび子
季節	㊗春　夏

他人からの診断結果

（表２）

名前					
あなたを診断した季節					

（例）

名前	パパ	ママ	妹	彼	親友の萌子
あなたを診断した季節	夏	春	秋	秋	春

自己カラー診断結果

（表３）

あなたの名前	
ベース色	
サブベース色	

パーソナルカラーは一生変わらない？

あなたに似合うカラーはもっとある！

通常のカラー診断では、前述のとおり人をひとつの四季にあてはめていきますから、同じ系統の色でたのしむしかないのです。しかし、特に日本人の場合は、ひとつの四季にあてはめることは難しく、**ほとんどの方が混合していると言われています。**

そう、ですから「私はこの色しか似合わない」と思うのではなく、**もっともっと自分自身に秘めた可能性を自分自身で引き出してあげてください。**その第一歩が、「こんな色も私、似合うの!?」という発見から始まるんです。

私の場合は、子どもの頃から、ピンクや赤系が好きだったので、どちらかと言

えば、イエローベース系の色ばかりを好んでいました。初めてパーソナルカラーコーディネートをみていただいた時、私はまだ色の勉強は行っておらず、その時は「秋の人」と言われました。「あぁ、確かに同じイエロー系だから、私の自己診断は間違ってはいなかったんだ」と思いました。

そこで、髪型や、アクセサリーを全面改訂されました。でも、何となく、自分自身ではしっくりとこなかったのです。また、どんなに口で「ステキよ」と言われても自分ではステキと思えなかったのです。

髪型も言われるがままに変えてみましたが、5歳くらい老けたような気がして、周囲には不評でした。

「私が素敵になるためにカラーをみてもらったのに……」

不満を抱きながらも心の中では「私は秋の人」という重石につながれた気分になりました。

しかも、「このパーソナルカラーは、一生変わりません！」などと言われては、「一生私はこの色に包まれて、この髪型でいなくちゃいけないの？」と、それ以来気持ちが落ち込みました。

しかしその後、眞理先生と出会い、眞理先生から診断された結果は「夏」。「ええ？　私は秋じゃないんですかぁ？？？」

夏と言えば、ブルー系。じつは私はそれまで、ブルーを身につけることはほとんどなく、前述のとおり、女の子をイメージするピンクや赤が好きでした。ブルー系は男の子をイメージすると思い込んでいたので、自然と避けていたのでしょう。

「私はブルー系」。この発見は、私に大きな衝撃を与えてくれました。ただし、ブルー系と言えども、その夏の色の集団には、私の大好きなピンクも入っています。なんだか、心のモヤがすーっととれていく瞬間でした。

さらに、眞理先生から「でも、ひろこちゃんは、夏だけじゃないのよ。春も入っているし、秋の色もほんの少し入っているわ」

「え！　私の大好きな春の色の集団も大丈夫なんですかぁ!?　うれしい！」その瞬間、今までつかえていた、何かが外れて心がぱっと明るくなり、同時に表情までも明るくなったことは今でも覚えています。

「あなたの色＝あなた自身」はまずは自分で見つけて

あなたも、こんなことありませんか？　似合っているのかどうか、なんとなく自分ではしっくりこないけど、店員さんに勧められたから購入したスカート。一度も着ることなくクローゼットの中にしまったままのカーディガン。新商品の「お似合いですよ」と言われて買ったけど結局一度も使ってないリップ……。

あなたの人生に、このような悲劇がもう起きないように、自分に似合う色や、服装は、自分で判断できるようにしたいですよね。そしてそれは、決してなくならない「あなたの財産」となって、あなたの人生をより豊かにしてくれることでしょう。

自分で自分の色を知ることは一生もの。自分色を知るということは、イコール自分自身を知るということ。そこで、65ページの診断では、あなた自身で、あなたのイメージを季節に例えていただき、色のイメージを探究していただきました。自分や周囲の皆さんからの意見は一致していましたか？

それが正解であるかどうかは、一度、カラーの専門家にみていただくこともいいかもしれませんね。

Hiroko

リップは2色以上まぜると人生が明るくなる

人生はまぜ合わされたリップ

最近、メイクの指導をする時に共通していることで、大変驚く現象があります。それは、今の若い女性たちは、赤やピンクやオレンジなどのリップではなく、ほとんどの方々が、ベージュのグロスのみを使用していること。赤などの色がついたリップは持ってもいないとおっしゃいます。

「ホホーっ。時代は変わったなぁ……」と、つい老婆のため息をついてしまう私ですが、あなたには、もっと色と戯れていただきたいと思います。

同じベージュのグロスでも、「赤」と「茶色」と「うすいピンク」のグロスを混ぜ合わせて、自分の肌色に合った「ピンクベージュ」をつくってみるのです。

「なぜ、既製品をわざわざまぜるの？」という声が聞こえそうですね。もちろん、既製品はなかなか一人ひとりに合う色がないということもあります。

しかし、これには**あなたの人生を明るくする理由**もあるんです。

今のあなたは、過去のいろいろな出来事がミックスされてでき上がっていますよね。多くの出来事をあなた自身が選択してきました。出来事にはいいことも、つらいこともあるでしょう。しかし、**この多くの出来事を経験として受け入れ、学ぶことによって、人は美しく輝く**のです。

リップをまぜること、これも人生と同じなのです。流行のカラーやあなたに起こったさまざまな出来事をミックスさせて、今のあなたにふさわしい環境に身をおくことを意味するのです。

オリジナルカラーをつくることはマナー強化

また、先ほどお話しした色なしグロスを愛用し、多くの色と接しない、使いこなすことができないということは、じつは、**様々な年代の人や、世界観の異なる人々とコミュニケーションをとれないことを意味する**のです。職場での人間関係に苦しむ事態に陥りやすい方は、もしかして、カラーレスメイクをしていませんか？　私は、マナーコンサルタントとして企業へ出向く仕事もしています。企業の人事部、総務部、営業部などの方々からうかがう評価される能力のキーワード第1位は「コミュニケーション能力」なのです。

色を混ぜ合わせてつくるリップには、あなたのマナー力を強化する意味が込められています。マナーは相手中心の目線で物事を見て対応した結果、相手がハッピーになり、その結果、自分自身もハッピーになれる、HAPPY & HAPPY の関係を生みだすものです。ビジネスマナーであれば、オンリーワンのサービスをご提供することでお客様が喜び、感激・感動して結果的に会社やお店の売り上げが上がる、という考え方です。

誰でも、「自分だけの」「特別な」「VIP 感」を感じさせてくれる相手には、好意を抱くものです。もちろん、このマナーはビジネスに限ったことではありません。プライベートでもあてはまります。

そして、**リップの色をまぜることもマナー**なのです。あなたと相手が HAPPY & HAPPY の関係を生みだすポイントなのです。

その年、その年にメイクのカラーにも流行があります。人気新色を購入するこ

Red
Lipstick
Brown
Gross
Pink
Gross

とは愉しいし、よいことです。でも、彼とデートの時、「今流行っている色をつけて行くのか？」「彼にだけに見てほしいオリジナルの色をつけていくのか？」彼の立場に立ったら、どちらがうれしいでしょうか？

彼のことを想いながら色をつくる。今日の仕事内容を考えて今日のマイリップカラーをつくる……。そうしていると、あなたの表情は自然とほほえんできませんか？

心の底からの美しいほほえみを与えてくれるあなたを、彼も会社も手放すはずはありませんね。

「自分色をつくる」という行動には、こうした**相手に感動を与えるおもてなしの心を育てること**にもつながるので、気がつけば結果的に自然と仕事も私生活もハッピーになっていくのです。

Madoka

実践！　幸せを呼ぶ
オリジナルカラー
メイクのコツ

リップ

自分色リップ作りのポイントは、顔全体を見た時にリップの色だけが目立ちすぎないこと。どんなに真っ赤なリップを塗っていても、**視線が「目」にいけばOK**な色ということです。肌の色と違和感なく溶け合う色を考慮して混ぜ合わせていきます。

ファンデーション

自然な肌作りには、色を混ぜ合わせやすいこともあり、ケーキタイプよりリ

キッドタイプをオススメします。予算も限られますので、まずは2本あればよいと思います。

例えばイエローベースのオークル系の肌であっても、肌に近いオークル+それより濃い色（薄い色）をもっていると、例えばオフィスシーンなどでは上品なナチュラルメイク、カジュアルな時は元気なやや日焼け色に……と演出できて愉しいものです。

私の場合ですと、ブルー系とイエロー系が混じっています。なかなか適した色を探すのが難しいのです。そのため、ブルー系に適していると言われるピンク系のファンデーションと、イエロー系に適していると言われるオークル系のファンデーションを混ぜ合わせるという応用をきかせていきます。シーンに応じて自分自身を演出しています。

混ぜる時は、手の甲で混ぜ合わせてみましょう。首の近くで自然にぼかせる色味ならOKです。

難しいことはないので、ぜひ試してみていただきたいと思います。お粉で軽く押さえればナチュラルメイクのできあがりです。

アイシャドウ・マスカラ

アイシャドウ、マスカラに配合されているタール色素は、色素沈着の原因になるそうです。私も、西出先生もパーティーなど特別な時以外はあまり使いません。シーンに合わせて使いこなすという方法もオススメです。

今はカラーマスカラもたくさん出回っていますが、品のあるメイクには、やはりブラウン、ブラックなどベーシックな色が上品に決まると思います。

パウダータイプのアイシャドウは、色同士を混ぜ合わせても粒子が混ざらずうまく発色しないことがあるので、**まぶたにのせてから調節**します。濃淡は、色を肌にのせる時の強さで決まります。

チーク

目立たない存在ですが、印象を大きく左右します。

私の場合、主に**常時3色くらいを使います**。まずテラコッタ系でチークのベースをつくってからその日のリップや服に合わせて、オレンジかサーモンピンクで仕上げます。また、ピンクとオレンジのチークを少しずらしてぼかすと、グラデーションができるのでオススメです。

オリジナルカラーメイクで幸せをつかむ

大人っぽいお顔立ちのミカさんは、メイクが大好きで、常にデパートの化粧品売り場で最新流行を試していたそうです。

デートの時は特に気合を入れて、買ったばかりのアイテムでメイクをして行ったそうです。ミカさんとしては、彼にほめてもらおうと思っているのに、いつも「何で口紅だけピンクなの？」とか「カワイイよりもっとモード系のほうがいいんじゃない？」などと言われる始末。挙句の果てに喧嘩三昧だったそうです。

でも、パーソナルカラーを知ってからは自分勝手に「好きな色」を身につけるのではなく、「自分がよく見えて相手に受け入れていただきやすい色」を選ぶようにシフトしていったそうです。また、自分に合うような色を研究し、リップもベージュ系グロスと、ピンクのリップをまぜあわせたり、オレンジ系リップにゴールド系のグロスを重ねたり……とシーンによって自分自身を演出するようになったそうです。

その結果、デートのたびにくだらないケンカをすることも減っていったそうです。他人に不快感を与えない色選びもマナーのひとつということを、身をもって体験したのですね。

ところでご存知でしたか? デパートなどの美容部員さんが日ごろ多く受けるクレームは、「ほしくなかった色を似合うからって買わされた」ということがダントツだそうです。したがって、「お客様に似合う色をオススメしたいけど、クレームにつながりやすいので、たとえあまり似合わなくてもほしいとおっしゃる色をお買い上げいただくことになってしまう、とってもジレンマです」という話を聞きました。プロでさえアドバイスしづらい現実があるなら、自分がキレイになるためには、人任せにしてはダメなのですね。

ちなみにミカさんは、めでたく彼とゴールインして幸せな結婚生活を送っています。

髪型とヘアカラーにもパーソナルカラーはあります

髪型を四季であらわしましょう

あなたは、髪型から連想するイメージを「四季」にあてはめてみたことはありますか？　つぎのページの髪型（ロング、セミロング、ボブ、ショート）から連想される四季を書いてみましょう。今度は「あなたの髪型」を鏡で見てみましょう。ホットカーラーを巻いているあなたは、そのままの印象を書いてみてくださいね。シャワーの後、タオルを巻いたままの人も同様です。寝ぐせのついている人も、そのままの状態でイメージしてみてください。取り繕うことなく、ありのままの自分自身をどうかご自身で受け入れてあげてくださいね。

さて、その「あなたの髪型の季節のイメージ」と、「髪の毛の色」はマッチしていますか？　さらに、髪型とヘアカラーは、あなたの「全体的な季節のイメージ」と一致しましたか？

ちなみに、私がイメージする髪型の季節です。

【春】ショート〜セミロング（ふわふわカール、髪の色は明るめの色、）
【夏】ショート（髪の色は明るめ）
【秋】ロング（まとめ髪。茶、栗色のつややかなウェーブでも）
【冬】ボブ（斬新なショートでも。髪の色は黒）

たいせつなことは、あなたがこうしてみたい、と思う髪型にチャレンジしてみることです。

そして、後悔しても、すぐに発想の転換、気持ちの切り替えを行い、つぎに進むことを繰り返していくと、いつの日か必ずあなたは「なりたい自分」になっていることでしょう。

Hiroko

ロングからショートへ私の選択

英国の美しい女性たち

私は、長年ロングヘアーでした。いつも弟と「どうして、私たち兄弟は顔が大きくて長いんだろうね」とグチをこぼし合っていました。そう、顔が大きく長いことがコンプレックスだったのです。

だから、私の髪型はいつもロング。顔の大きさや、長さを「隠したい」と思う一心からでした。

今のショートカットにしたのは、32歳の春でした。31歳の春に英国オックスフォードへ行き、現地での初めての生活。

その生活はそれまでの日本での私の生き方、考え方を大きく変えてくれる新し

い発見の連続でした。

たとえば、そのひとつがお化粧のこと。そして、髪型もそのひとつでした。

英国で同じ女性を見て、いつも感心していたことがありました。

俗に言われるブランド品を身につけていなくても、お化粧をしていなくても、みんなが美しいのです。

表情や態度がイキイキしていて、目が合っただけで、こちらが幸せな気持ちにさせられます。また、話をしてみると、話し方や言葉の言い回しがとてもチャーミング。

私は、そんな海外の女性にとても憧れてしまいました。

ブロンドのロングヘアの女性は、真っ黒のリボンがとてもよく似合います。私も「髪の毛をブロンドにしちゃおうっかなー」と真剣に考えたものでした。

しかし、何よりも私が素敵だなと思ったのは、**ショートヘアの女性がとてもセクシーで、チャーミングで、インテリジェンスを感じさせる**ということ。

多くの日本女性は、男性の好みもあってか、現在もロングかセミロングの女性の方がどちらかと言えばショートヘアの女性よりは多いですよね。そんななか、ほんとうにショートヘアの美しさは新鮮だったのです。

ショートヘアで新たな人生のはじまり

「ショートヘアなのに、こんなに色気があって、かわいくて、知的さを感じさせる女性。私も目指したい！」単純な私は、くるくるカールで腰まであった今で言うお嬢様ヘアスタイルを一気に今のショートヘアにしたのです。「失恋でもしたの？」とよく言われました。しかし、当時は失恋をする相手もいません。でも、髪を切った私は、新たな人生の始まりを予感しました。

そして、その後、私は、オックスフォードで、思ってもみなかったオックスフォード大学大学院卒の遺伝子学研究者のワゴット博士との英国での起業、ビジネス展開。そして、ロンドンでシゴトを通して知り合った主人との出逢い。

時々私は主人に聞きます。

「男性は、やっぱり女性の髪の毛は長い方がいいんでしょ？」

「いいや、その人が気にいって、その人に似合っている髪型が一番だと思うよ。僕は、ひろこさんのその髪型が好きだな」

主人とは、知り合って、結婚をして、月日を重ねる毎に幸せ度は年々増してい

ます。それに比例して、仕事も順調に会社も成長を続けています。一歩、一歩、無理をせずに、焦らず、急がずに、地に足をつけて時間をかけてでも、少しづつでも前進していくことが、最終的に心満たされる成功と幸せを感じることができると、今日も前を向いて歩いています。

ちなみに、**私の髪型からイメージされる季節は、「夏」**。

なるほど、パーソナルカラー的にも眞理先生に診断いただいた季節と同じ季節が連想されるので、私のパーソナルカラーは、春とちょっぴり秋の混じった夏と決定！　あなたのパーソナルカラーはいかがですか？

恋に効く！　ギャップの法則

ここで、恋愛にとっても効果的な、髪型の「ギャップの法則」のお話をしましょう！　彼の心にグッとあなたの魅力を、インパクトがあるように伝えるには、相手を驚かせるのがポイントです。それが、ギャップの法則なんです。

例えば、いつもシゴトを通して会う彼が気になってる場合……個人的に会う機会を見つけたら、シゴト中まとめている髪の毛をおろす、髪の毛を耳にかけている場合は、プライベートでは耳を隠すということをしてみましょう。

男性は、このようないろんな面をもっている女性に興味をそそられ、「ドキッ！」とすることが多いようです。

ギャップをうむためにも、シゴト中は一緒にシゴトをしている人の立場で、シゴトに専念できるすっきりした髪型にしておくことも重要ですね。相手の立場にたったスタイルはとてもたいせつなマナーです。

Hiroko

人から愛されるナチュラルメイク

お化粧した顔は気持ち悪い？

31歳の時、英国に語学留学し、多くの人々と知り合いました。あるパーティの夜、英国人の友人のヒュー君から言われたのです。

「ひろこの顔、気持ち悪い」

「えっ⁉」私は、一瞬耳を疑いました。そしてもう一回聞き直したのです。

「何て言ったの？」

「ひろこの顔、気持ち悪い。何かつけてるの？」

「何か付けてるって……そりゃ、お化粧くらいしているわよ！　だから、ファンデーションとかいろいろつけてるでしょ！」

翌朝、寝坊をした私はお化粧をする時間がなくなったため、スッピンで英会話のレッスンに行きました。その帰り道です。オックスフォードの街でヒュー君とバッタリ会いました。

「おお！　ひろこ、今日はキレイだね！」

「え？？　今日はスッピンだよ！　ヒュー君、まだ酔っぱらってるの？」

「ひろこ、今日はヘンなのつけてないね。つけない方がキレイだよ」

「うっうっうそでしょー？？？？？？？？？」

素肌を大事にして愛されるあなたに

10歳も年下のヒュー君からスッピンの方がキレイと言われ、単純な私は「スッピンの方がキレイなんだ！」と思うようになりました。すると、今まで、開いた毛穴を隠そうとして、必至に塗っていたファンデーションよりも、素肌を美しくすることに意識のベクトルの向きが変わったのです。

その後、ホームステイ先でママや娘さんたちのメイクを見ていると、マスカラ、アイシャドウ、リップは塗りますが、確かにファンデーションはつけておらず、つけるとしてもパウダーをのせるくらいなのです。

私が行っていたように、毛穴やシミなどを隠そうとして、ファンデーションを塗りすぎてしまうと、それはまさしく厚化粧なのです。

厚化粧をするということは、素顔を隠すということ。これは、自分の本心を見せない、心をひらいていない武装をしている人だ、と相手に感じさせてしまうんです。

本来の人間関係とは、お互いが自分という人間を知ってもらうために、まずは、**自分の心をひらくことによって、相手にも心を開いていただき、自然体で本音のトークができる関係を築いていくこと。**自然体でなかった私をみて、ヒュー君はとっさに「気持ち悪い」と言ってくれたのでしょう。

その後、英国にいる時の私はパウダーをのせるくらいでほとんどノーメイクの日々を過ごしました。これは、開いている毛穴も、シミもホクロもシワも、自分の一部であることを認めてあげることになりました。そうです。私は英国での生活で多くの現地の友人たちから「自然体」であることの美しさを教えてもらい、学ばせていただきました。そして、「自然体」でいられることが「自信」へとつながりました。

そう、認めることは、自分自身を大好きで愛すること。どんな時でも自分を好きでいること。

自分を愛していない人が、人を心から愛することができるでしょうか？

人を心から愛せない人が、人から愛されることがあるでしょうか？

まずは、もっともっと自分自身を、あなた自身を信じてあげましょう。あなたが、もっと愛される女性になるために……。

あなたを輝かせるアクセサリー

あなたは何色のアクセサリーを身につけていますか?

パーソナルカラーは、アクセサリーや小物選びに迷うことを少なくしてくれます。


【肌の黄色みが強い方（イエローベース）】……ゴールド系

【肌にピンク味・青みがある方（ブルーベース）】……シルバー・プラチナ系

例えば気に入ったデザインのベルトのバックルが、ゴールド系とシルバー系と2種類あってどちらか迷ったとします。

こんな時、パーソナルカラーによって選べばよいのです。

また、黒の洋服を身につける場合、例えばイエロー系の方であれば、顔周りにゴールド系の存在感のあるアクセサリーをあしらうことでうまく華やかに着こなすことができます。

私はと言えば、じつはどちらにもあまり左右されないタイプなのですが、最近は暖かみを出したいのでゴールド系の小物が多いですね。

Chapter3

愛される女性になる
カラーの魔法

出会いをものにする黄色・オレンジの効果

恋愛上手な女性の行動パターン

現代社会は忙しいので、出会いの場も、ゆっくりお互いを知る時間も限られていますよね。ついつい職場と家の往復だけで、遊びに誘われても疲れている時はおっくうになりがち。

でも、私の周りの恋愛上手のお友達をみると、とにかく**じっとしていないでどんな場所にでも出かけていく**のが特徴です。アウトドアが苦手でも、バーベキューに誘われたらとりあえず行ってみる。スポーツが嫌いでも、テニスに誘われたらとりあえず行ってみる。「こんな場所に好みの男性はいないかも……」なんて思わないで、軽い気持ちで出かけて行くのですね。

そして、だらだらしないでぱっと切り上げてしまうようです。飲みに行っても2次会のカラオケ、3次会のバーまでなんとなく付きあったりはしません。

そうすると、彼女に興味をもった男性は「もう帰っちゃうの～？」とあわてて連絡先を聞こうとし、つぎの約束につながるようです。

ものほしそうな女性より、自立したオトナの女性のほうがステキに決まっていますよね。ここから私が導き出した、モテる女性の特徴です。

①愉しむ時は愉しんで、切り替えもちゃんとできる
②相手や雰囲気に流されず自分の時間を大事に使って自分の世界を持っている

こういう女性の方が、シゴトで忙しい時にわがままを言ったり変に甘えて困らせることもないだろうと判断する男性は多いようです。

話しかけやすいカラーを上手に使って

そして、やはり大事なのは好感のもてるメイク、服装術。私は、「外見より中

身よ！」と意地を張っていた時期もあったのですが、そんな強がりはやはり外見の表情や態度、服装にも出てしまい、結局出会いに恵まれなかった苦い経験があります。

引っ込み思案で口ベタなら、なおさら親しみやすい雰囲気を外見に手伝ってもらうのも手です。

初対面の方と多く接する日は、**話しかけやすい雰囲気を作ってくれる、黄色やオレンジなどを身につけるのが効果的。**

ちなみに、私が主人に初めて会った時の服装は、オレンジ色のニットのワンピースでした。彼にはそのオレンジがすごく印象的にうつり思わず話しかけてくれたそうで、その時のことを今でも覚えているそうです。

ちなみに、男性は女性に比べて色を感じる感度が低いそうです。

デートの時などは、さわやかな白、かわいらしいピンク、セクシーな黒など、**わかりやすい配色であなたの女性らしさや優しさを表現するのも一案**ですね。

Hiroko

本物の愛が見つかるカラー

恋愛＝ピンクだけじゃない！

「はやくいい人見つけて、まずは、結婚したいんです。やっぱり、恋愛運をあげるには、ピンクですよね？」

ある時、私が主催するカラーの講座で、小柄でかわいらしい印象の女性、小百合さんからこんな質問を受けました。

「確かに、ピンクは恋愛に効くってよく言うよね。でもね、それは『恋愛』の話。小百合さんが望むのは、本物の『愛』に出会うことなんじゃないかしら？」

「そうです！　最初はステキな人と出会ったと思ってうまくいっていても、すぐになんだかうまくいかなくなっちゃって……前彼なんて、最後は二股かけてたみたいだし……」

「そっか……。じゃあ、本物の愛と出会う秘けつ、そうね、小百合さんだったら……仕事に打ち込んでみたらどう？」

「へ？？？」

愛とカラーの相談をしていたと思った小百合さんは、とても驚いた顔をしていました。

そして私はつぎのような、私の体験をお話ししたのです。

スカイブルーの想いで夢に向かう

29歳までの私は、思い返せばいつも「何かいいことないかなぁ……」が口癖でした。

その思いの99％を占めていたのが恋愛。そう、私も「いい人と出逢って、ラブラブでさえいれば、私はハッピーなのよ！」「よい彼がいて、私の精神状態を安定させてくれていれば、仕事だってバリバリできちゃうし、成功しちゃうわ！」といつも思っていました。

「日本一のマナー講師になるんだ！」と大きな夢を抱いていたのに、実際はこんなことばかりを考えて、毎日を過ごしていました。

そんな時、父の突然の死。私の両親は離婚をしていたので、父の死後の後始末は、すべて子どもである私が行いました。29歳の時です。事業をしていた父には多額の借金がありました。ですから、相続は放棄しました。それでも、毎日のように、銀行関係者や、見知らぬ人たちが「貸したお金はどうしてくれるんだ！」と自宅に押し寄せてきます。当時の私の膝小僧は真っ黒でした。正座をして、みんなに「申し訳ありません」と土下座ばかりをする日々だったからです。

こうなると「何かいいことないかなぁ……」なんて言っている暇はありません。私は、否応なしに、「私は今からどうやって生きていけばいいのだろう」と思う日々を送ることになったのです。

しかし、それからの私は、目指していた日本一のマナー講師への思いがさらに強まりました。

幼い頃、まだ、父も母も仲良しでごく普通の家族を描いていた頃。私の家は、空港のそばにありました。私はよく父と母に連れられて、空港へ行き、大空を飛ぶ飛行機を見ていました。そのせいか、私は飛行機が大好きです。そして、飛行機を見ると、父と母を思い出します。18歳から故郷の実家を離れ東京の大学に進学した私は、以来、ずっとひとり暮らしでした。東京での生活が寂しい時、つらい時は、電車代を払って羽田空港へ行き飛行機を眺めていました。

父が亡くなって、少し落ち着いたころ、私は羽田空港へと行き、飛び立つ飛行機にひとつのお願いをしました。

「私、絶対、日本一のマナー講師になるから。お父さん、どうか、見守っていてね……この気持ちをどうか、天国の父に届けてください……」

天国の父と飛行機にそう誓った私の心は、この時、**清々しい「スカイブルー」一色になりました。**それからというもの、私は夢に向かってがんばっている時、**この清々しいスカイブルーを想像するように心がけました。**そして、私はさらに夢に向かって心から打ち込みだしたのです。

気がつくと、私の周りには新しい顔ぶれが溢れていました。ほんとうに素晴らしい人々との出会いが増えてきたのです。父の死で悲しむことばかりの生活の中で知り合って、私を支えてくれた人たち。そして、仕事を続けていく中で、出会った人たちとの共演。

そして、その中で現在のパートナーである最愛の夫と出会うことになったのです。

打ち込むことのできる「何か」にイメージするカラーは?

私は、こんなふうに小百合さんに伝えました。

「本物の『愛』と出会いたいのなら、まず、小百合さんが**心から打ち込め、熱中でき、大好きな何かを行うことよ**。それは、仕事でもいいし、資格をとるための勉強でも、料理教室に通うことでも、スポーツでも踊りでもいいと思うの。恋愛度外視でひたむきに何かに打ち込んでいる人は、どんなにつらく苦しいバックグラウンドがあっても、人からみると輝いて見えるのよ。そんな輝く小百合さんを、本当にステキな男性はきっとほうっておくはずがないんじゃないかしら?」

さあ、あなたは恋愛以外に、「何に」打ち込みますか?

その**打ち込む「何か」をイメージする色**を考えてみましょう。

恋愛以外に打ち込む「何か」とは？‥

恋愛以外に打ち込んでいる「何か」の色‥

その色こそが、あなたに「愛」を運んでくれる色です。

あなたがすべき、今、目の前にあることに打ち込んでみましょう。すると、気がつくとあなたは多くの人たちと出逢っているはずです。

Hiroko

自分を磨き「望む生き方のカラー」を見つける

今の環境はあなたを磨くチャンスです

「私30歳を過ぎても独身なんです。早く何とかしなくっちゃ！　って悩んでいます。でも、半年前、人間関係が嫌で、次の仕事を探す前にとにかく会社を辞めちゃったんです。もうそろそろ、仕事しないとヤバイかも……でも、やりたい仕事はないし、人間関係でまた嫌な思いもしたくないし、かといって、結婚もする相手いないし……。とにかく、『自分磨き』はしなきゃと思って、習い事やスポーツクラブに通ったりはしてるのですが……」

はるかさんという女性から、こんな相談を受けました。

私は「**自分磨きって、毎日の生活の中で磨かれることなんですよ**」とアドバイ

スをしました。最近、彼女のように「自分磨きのために○○を始めました」という人はたくさんいらっしゃいます。いろいろなことにチャレンジすることは素晴らしいとは思いますが、それは本当の意味での「自分磨き」ではありません。

じつは、**あなたが、今その環境にいること事態が、「自分磨き」**なんです。例えば、仕事でつらいことがあった、嫌な上司がいるなど……これこそが、研磨石のごとくあなたを磨き、そしてあなたが輝く重要な役割をしてくれるんです。現在に悩み、過去に苦しむからこそ、人は自己啓発に取り組むのです。

焦っていると、どんなにピンクを身につけても幸せは訪れません

私自身が、30代後半で結婚して40代になった今だからこそ言えることですが、シングルの時には、シングルである自分を嘆く前に思う存分、やりたいことを行ってほしい！　私はそう声を大にして伝えたいです。

焦っている人は美しくありません。焦っている人がどんなにピンクを身につけても、幸せは訪れないのです。

私も、仕事のこと、結婚のこと、20代から30代半ばまで、ずっと焦っていまし

た。「私、こんなにがんばっているのに……」でも、焦れば焦るほど、ハッピーの天使は遠ざかって行きました。すべてが空回りなんです。

でも、30歳半ばになろうとした時私の焦りは消えました。

「私、このまま独身でいいや」。そう思えたのは、当時日本と英国を行き来し、仕事に打ち込んでいるその生活に、不満がなく愉しかったからです。

ところが、人生って面白い。あんなに焦っていた結婚に対して執着心がなくなったとたんに、主人と知り合い、予想もしていなかったプロポーズという展開に。

田舎の母に「私、このまま独身でいるから！　もう私に『結婚』という言葉は言わないで！」と言った3ケ月後のことでした。

さすがに、母に彼からプロポーズをされたこと、それに対して即答したことを言うのは恥ずかしくて、しばらく内緒にしていました。（笑）

あなたの望む生き方はカラーが知っている

人は、イメージするとおりの人生を送ります。今、幸せじゃない！　って人は、じつは幸せな人生をちゃんとイメージできていないんです。ついつい、恐れるあまり不幸な自分をイメージしてしまってはいませんか？

そして、人は、それぞれの幸せな生き方があります。今のあなたが本当に望んでいるものは何ですか？　その答えは、色が知っているかもしれません。

※恋人もいない、2人で食事にいく彼もいない‥	色
※結婚をする相手じゃないって思うけど、とても好きな彼がいる‥	色
※好きな彼がいて、私は結婚したいけど、彼は結婚したがらない‥	色
※結婚はしたけど共働きで生活に追われラブラブモードはゼロ‥	色
※シゴトを辞めてダンナに養ってもらっているけど満足しない日々‥	色
※ダンナの帰りはいつも遅く寂しい毎日‥	色
※お互いを尊重し合っている大人のカップル（夫婦）‥	色

独身時代は、自分の予定に合わせて好きな時間に寝て、好きな時間に起きて、

好きな時間に美容室に行って……と振り返れば、仕事以外のほとんどが、自分の予定や気分や体調中心で動いていました。

でも、結婚すると、結婚生活を幸せにうまくいかせるためにパートナーとの時間や空間を大切にしなければいけません。

例えば……旦那さんが早くおきて仕事に行くのであれば、その前におきて準備をしてあげる。大音量で音楽をかけながら、そうじをするのが好きだったけど、なるべく音量を控える。日本と英国を月に何度も行き来していたけど、シゴトは日本ベースにし英国出張を控えるようになった……など。

結婚をしたらしたで、その生活環境の中でまた磨かれていきます。だからこそ、シングルの時は、シングルの時にしか体験できないようなことを、たくさん経験してください。

そこで自分が体感したことから多くの気付きと学びを感じて、今の自分をさらに、プラスに変える勇気をもちましょう。

いかがでしょうか？　あなたの望む生き方の色がわかりましたか？

その望む生き方の色を、常にイメージしましょう。もちろん、洋服やインテリアに取り入れるのもいいですね。

あなたが望む生き方は？：

その望む生き方の色は？：

Hiroko

あなたの恋をうまくいかせるピンク呼吸法

彼の気持ちがわからず不安で引き裂かれそうになった時

「彼の気持ちがわからない……」これは、片思いをしている人はもちろん、付きあっている彼がいても、不安になってしまうことはあるのではないでしょうか？

少し私の体験をお話ししましょう。

私は誰か好きな人ができると、すぐに占いに行くタイプでした。でも、不思議なことに、結婚した主人とのことを占ってもらったことはありません。占いに行こうとも思わなかったのです。彼とは英国で仕事を通して知り合いましたが、初対面で仕事の話をしながら、私は「この人に仕事のことを相談したらきっとよいアドバイスをくれるだろうなぁ」と思いました。そして、思ったとおり、彼は私

のためにいろいろな情報を集めてくれたり、アドバイスをしてくれたりしたのです。人生の中で私が唯一「尊敬」の念を感じた人、それが今の主人だったのです。人を尊敬すること、尊敬する人に出会えたことは、私にとって何よりの「幸せ」でした。

その後、帰国した私は、過度の疲労で体調を壊し、しばらく英国へは行けない状態になりました。そうしている時に彼が日本の本社に戻ってくることに……。彼との結婚まで、すべてトントン拍子にすすんだわけではありません。ある日、突然、彼からの連絡が途絶えてしまったのです。

私はもともと、自分から電話をかけることができないタイプです。20代の時、田舎の彼A君と付きあっていたことがありました（付きあっているといっても、プラトニックですよ！）。1週間に1度かかってくる電話を愉しみにしていました。

でも、ある日を境に電話がかかってこなくなったのです（その頃は、Eメールなんてありません）。2週間、3週間待ったけど、かかってこない……思い切って電話をしてみたら、何も変わりがなくて安心しました。それでうれしくってすぐに田舎に戻って連絡をしてみたら、「忙しい」と言って会ってもらえず……。

そして、共通の友人たちに相談をして、明らかになった事実。それは、なんと、A君にはとってもキレイな彼女ができていたんです。


こんな経験があっても、私は30代半ばになっても自分から連絡をとるのが苦手なタイプ。だから、尊敬する人からの連絡がなくても、自分からは連絡できない……。でもその時思ったのです。「きっと彼は仕事が忙しいのだろう」って。

それまでの私はいつも不安で体がバラバラに引き裂かれそうになりましたが、この時ばかりは、とにかく彼を信じて待っていました。

ピンク呼吸法でキレイに前向きに

この時、私が行ったことは、次に会った時に「この子っていいな」って思ってもらえる自分であるよう、**「ピンクの呼吸法」**を行ったのです。

このピンクの呼吸法はとてもカンタンです。

①朝昼晩と、時間がある時は、いつでもどこでも**深呼吸を3回**します
②その時に、目をつぶって、**幸せを感じるピンクをイメージして深く呼吸**をします

ピンクを頭でイメージして深呼吸を行うと、不思議とそのピンク色が体全体に行き渡るのです。

そして、彼から連絡がなくてつらくても、不思議と**肌にハリが出て、イキイキとした表情になった**のです。肌が元気でイキイキすれば、気持ちもピンク色で前向きになれます。

Pink

彼から連絡が途絶えてから2ケ月後、久しぶりに会ったその日はクリスマスイブの日でした。

「どうして、ずっと連絡をしてくれなかったの?」今にも言いそうになりました。

でも、言いませんでした。

今こうして彼が目の前にいてくれる、それだけで十分だったからです。彼は、私が聞かなくてもこの2ケ月間のことをいろいろと話してくれました。

そして、最後にこう言いました。

「結婚しよう」

それは想像もしなかった、あまりにも突然の出来事でした。

私は、何も言わず、ただ、クビを前に倒したのでした。

空白の2ケ月間は、正直、彼の気持ちがわからないと落ち込んだことも、夜中眠れずに、ユカちゃんのお家に遊びに行って話を聞いてもらったこともありました。でも、つらく苦しい時こそ、相手の立場にたってみること……これを実感しました。

相手は連絡をしたいと思えばしてくるのです。もしもこちらが連絡をしなかったから壊れるような関係であれば、それは遅かれ早かれ縁はなかったという結果になることでしょう。

彼の気持ちを探るのではなく、あなた自身が外見でピンクを身につけるのでもなく、**あなたの内面をピンク色にしていれば、きっとあなたの愛情運は強運になることでしょう。**

彼とハッピーになれる歩き方

英国では、単なる男女のお友達は、腕を組んで歩きます。一方、恋人同士は、しっかりと手を絡め合ったり、肩を組んで歩いたりします。

さて、あなたはどんなふうに彼と一緒に歩きますか？


【「私たち付きあっているのかなぁ？」ビミョーな関係を確かめる方法】

あなたは、彼より半歩下がった位置で歩きます。

そこで、彼があなたを気遣って、ナナメ後ろを振り向きながら歩いてくれたらGOOD！　この恋愛は発展の可能性大です。


【結婚してもラブラブでいられる歩き方】

ご結婚なさっているあなた。付きあっていたころはラブラブだったのに、結婚したら手もつないでくれない……子どもがいれば、パパと手をつなぐより、子どもと手をつなぐ……だけど、やっぱりラブラブモードで歩きたい！

そんな時は先手必勝！

すたすた歩いていくダーリンに後ろから突進していき、ギュッと思いっきり、手を握ってみましょう。

また、ほほえみながら、ちょっと照れつつ、うつむき加減になってそっとダーリンの腕に腕をまわしてみるのも、大人のカップルとしてステキですね。

Chapter4

ビジネスシーンで輝く！
カラー・テクニック

なぜ、ビジネススーツは紺色なのでしょう？

シゴトはあなたを磨いてくれる

この章では、「シゴトであなたが輝くための色のテクニック」をお話ししたいと思います。

ん？　会社やシゴトのことなんて考えたくもないですか？

それは、あなたの望むことはシゴトじゃないから？

それとも、あなたの目指す夢と、今のシゴトはかけ離れているから？

でも、**毎日のシゴトが今よりちょっとうまくいけば、毎日が充実する**と思いませんか？　また、嫌だなと思っているシゴトからこそ、あなたは磨かれ、なりたいと思っている自分に近づくことができるのです。

「大変」はあなたが「大きく変わる」チャンスです！

ところで私は、シゴトは「楽しく」ではなくて「愉しく」をモットーとしています。

もしも、「シゴトは〝楽しく〟」と、弊社のスタッフが文字にしたら警告音を鳴らします。なぜなら、「楽（ラク）して楽しいと感じるシゴトは、シゴトじゃない」からです。

シゴトをしていると、苦しいこと、つらいこと、面倒なこと、一見多くのマイナスと感じることが日常茶飯事、出てきますよね。だからこそ、同じ職場の人やお客様と、できる限り「愉しく」、気持ちや心をほほえませながら一緒に目的を成功させようと、日々、自己研鑽していく……これが、シゴトが「たのしい」ということなのだと思います。

ですから、私の会社のスタッフは、全員「愉しい」と文字で表現します。日本の文法上では「楽しい」が正しいのかもしれませんが、あえて「愉しい」と書くことを意識してもらいます。この愉快の愉という文字を見ることによって、自然と顔もほほえむことができます。「楽しい」という文字をみると、やはり人間ですから「楽をしたい」という気持ちがわいてきてしまいます。

「シゴトが嫌いです。大変なことばかりです」

こんな声を、私の講座で聞くことも多いです。

ここで、私はつぎのようにお話しします。

「『大変』っていう文字を書いてみて。『大きく変わる』って書くよね？　そう！今、あなたは大きく変わるチャンスなんじゃないかしら？　この『大変』な時期を乗り越えたら、あなたは、今より大きくプラスに変われるんだよ」

私も、「大変」な状況に直面したらいつもその状況に感謝し、それを「愉しむ」ようにしています。ハッピーにほほえむ自分を想像しながらがんばるのです。

でも、いくらシゴトを「愉しい」と思っても、シゴトはやっぱりレクリエーションではありませんよね。シゴトをするということは、会社が生き延びるか、倒れるかの真剣勝負の場所です。その場所で、パート、アルバイト、派遣社員、正社員……働いている人全員が会社を支え、プラスかマイナスへ移動する舵取り役の一部を担っているのです。

自分自身に勝つ！　紺色のパワー

ビジネス用語で「WIN-WIN の関係」とよく言われますが、日本語に直訳すると「あなたも勝って私も勝つ関係」ということです。「なぜ、シゴトにおいて、人間関係において、相手と闘い、勝ち・負けになるのだろうか？」と考え込んだ時期がありました。

でもやはり、闘う時はあるのです。それは、相手と闘い、争うのではなくて、**自分自身との闘い**なのです。

私は、契約をいただくためのプレゼンテーションや、裁判に出向く時は、必ず**「紺色の洋服」**を着るようにしていました。紺を身につける時、相手を打ち負かすのではなく、ややもすれば倒れそうになる自分自身の心を律するために、**己に勝つために、紺を身につけるようにしていました**。

裁判は、30代前半の時に、数千万円ものお金を貸してそれを返してもらえなかったために行ったものでしたが、**自分自身の主張にウソ偽りがないこと**を、すでに色を学んでいた私は洋服でも表現しました。

当時、裁判のことで悩んでいた私に眞理先生からも「紺は闘う時に着る」とアドバイスをいただきました。そして、この裁判の法廷に立つ時、英国ブランド「ハロッズ」で紺色のスーツを購入し、それを着て裁判に出向きました。結果は、全面勝訴。このスーツは私に強運を与えてくれました。

約2年間に及ぶこの裁判が終わった35歳の時。以来、私は紺色の洋服を着る機会がありません。それは、シゴトにおいては、WIN-WINではなく、相手とマナーのハッピーサークルを描けるようになったから。

そして、洋服の色に頼らなくても、しっかりとした揺るぎない、自分自身が確立され、私の心の中に凛とした紺色の樹が根付いたからのような気がします。

もしも、あなたが、プレゼンテーションや、契約をクロージングさせたい時、相手がどうこうではなく、あなたがあなた自身と向き合い、闘ってみてください。

そして、弱い自分を感じたら、ぜひ、濃紺の洋服を着て、凛としたあなたを表現してください。濃紺の洋服にそでを通しただけで、きっとあなたはその洋服に守られている気分になることでしょう。

Madoka

商談成立には明るいカラーが効果的！

初対面に効果的なカラーはやっぱり紺色

ビジネスシーンには、活用される紺色のスーツですが、かつての私の上司の女性Uさんは金融ビジネスコンサルタントとして駆け出しのころ、新規のクライアントとの会議には必ず紺のジャケットで臨むと決めていたそうです。

Uさんは、働くことが決まった時点で最初に、カラーアドバイスを含むビジネスマナー研修を個人的に受講したそうです。その時、「紺のスーツで、信用と信頼の第一印象」というカラーアドバイスを受け、実際のおシゴトの現場で実践されていたのです。

やはり、紺色はビジネスシーンで安心を感じさせる、信頼感をかもし出してく

れる強い味方です。**初対面の方との商談は、やはりベーシックな紺はおすすめです。**

もちろん、紺色といっても、濃淡や微妙な色合いまで様々な種類の色がありますよね。ぜひ、あなたのパーソナルカラーの中からあなたが一番ステキに見える紺を選んでみましょう。

例えば、あなたが春の季節の人なら「明るい茄子紺」、モダンでスタイリッシュな冬の季節にあてはまるのなら「黒に近いダークな紺色」がオススメです。

そして、**紺色は、男性にとっては同じビジネス意識を感じさせてくれる共感力ラーでもあるのです。**そのため、きっと賛同も得やすく、商談がうまく運ぶでしょう。

先にあげたかつての上司Uさんは、確かな仕事で着実に評価を得、5年後にはとうとう女性初の経営幹部に抜擢されました。周りもこの評価に納得だったのは言うまでもありません。

明るいカラーであなたをアピール

ビジネスには紺、黒、グレーのベーシックカラーが適しているとは言え、鎧に身を包んだようになっては逆効果なことも。女性の場合は、**インナーやスカーフなどで上手に差し色効果を狙う**ことができます。

飛び込み営業など、心を開いてほしい相手には、**コミュニケーションカラーである黄色**をスカーフなどの小物に取り入れてみましょう。私の場合、透明感のあるレモンイエローよりも、少しオレンジみのあるおさえた色味を選んでいます。

バリバリ働くだけが能じゃない、**女性らしさを演出するならラベンダー色やピンク系のインナー**がオススメです。行き詰まりそうな商談も、「話だけでも聞いてみようか」と柔軟になってくれる可能性が高くなるでしょう。

私自身、パーソナルカラーを知らず、モノトーンに固めてしまいがちだった20代後半に、たまにラベンダー色のシャツを身につけると、「そんな色のほうが優しい感じでいいよ」と、上司の表情が和んで、その日は相談ごとを聞いてもらいやすかった経験があります。ただ、この色の**濃い色は媚びた印象**になることがあるので注意しましょう。

そして、**赤は、相手にやる気をアピールするとともに、自分自身の気持ちも高**

めてくれる効果があります。細いベルトや時計などのワンポイントだけでも効果が感じられます。

私の場合、研修の本番に出向く時など、無意識にごく細い赤いベルトを身につけることがありますが、気分を奮い立たせてくれる赤の効果を自然に感じているようです。

どの色も、できればご自分のパーソナルカラーのなかから選びたいものですね。

「Ｅメール・手紙」で相手に心地よいカラーを感じさせる

文字から受けるカラーの印象

色は、音からの想像もあれば、「文字」からの想像もあるのです。

ビジネス文書では、強調したい時、重要なことを伝えたい時など、相手に自然に受け入れていただける文面で伝えることが大切です。

そして、Ｅメールや文書を**受け取った相手が、あなたの文面から何色をイメージするか？**　そこまで考えて文章を作成するのが、マナーコミュニケーションです。ここに同じ内容をあらわす２つのＥメールがあります。つぎのそれぞれから、あなたがイメージする色を塗ってみましょう。

【宛先】松浦聖子 <Seiko@ ●● .com>
【件名】RE: お打ち合わせの件

お世話になります。打ち合わせですが、来週の火曜日、２時からにして下さい。場所は弊社にて。はじめての打ち合わせです。宜しくお願いします。

㈱ウレシ・林

このメールからあなたが想像する色は？　：

【宛先】松浦聖子様 <Seiko@ ●● .com>
【件名】4月10日（月）14:00 ー／打ち合わせの件

ニコニコ会社 総務部
松浦聖子様

松浦さん、新年度のお忙しい時期にご連絡をいただきまして、大変ありがとうございます。
早速でございますが、お打ち合わせは下記でお願いできますでしょうか。
また、誠に恐縮でございますが、当日は弊社にご足労いただけますと幸いでございます。

日時：4月10日（月）14:00 〜
場所：弊社３階 総務部応接室

※お手数をおかけ致しますが、１階受付にて入館バッチをつけて３階総務部受付までお越しいただければ幸いです。

弊社地図 :http://ureshi ○○○ .com/map/
最寄り駅：タノシイ駅 １ａ出口
出口をでて左手に進む。１つ目の信号を右に曲がりまっすぐ行くと 右手に喫茶店「ホホエミ」があります。その喫茶店の手前を右に曲がると、左手に「ウレシ商事」の看板がでています。このビルです。

以上、何かご不明な点などございましたら、遠慮なくご連絡いただけますよう、お願い申し上げます。それでは、当日はどうぞお気をつけてお越し下さいますよう、スタッフ一同、祈念いたしております。

４月10日（月）14:00 頃に、松浦様とお目にかかれますことをたのしみに致しております。
このたびのご連絡、大変ありがとうございました。

林 幸子

㈱ウレシ商事 人財開発部
TEL:033-3333-3333 FAX:033-3333-3334
東京都港区赤坂西○—○—○
ウレシビル３階
会社 URL:http://www.ureshi ×× .com
e-mail:shiawase@ureshi ×× .com

このメールからあなたが想像する色は？　：

青緑色をイメージして昇進、そして……

Eメールの書き方を詳細に説明している『愛されOLの1週間おシゴト術』（総合法令出版）を読んでくださった読者の香苗さんから、先日とてもうれしいEメールをいただきました。

「私は営業職をしておりますが、今までは自分からアプローチをかける営業でした。西出先生のご本に書いてある、正しいEメールの書き方に基づき、忠実に意識して真似て書くようにしていました。驚きました！　Eメールの書き方ひとつで全然違うのですね。お客様から、ご指名で依頼をしていただけることが増えたんです。ありがとうございます！」

香苗さんは、Eメールの書き方ひとつで営業成績アップにつながったことに大変驚き、感激して私に連絡をくださったのです。

なぜ、お客様はこちらからアプローチをかけなくても香苗さんにシゴトの依頼をするようになったのでしょうか？

それは、パソコンのEメールソフトに**書かれてある文字の優しさ、心配りを、**

無意識のうちに色で感じとっているからです。

文字から温かく安心を感じたら、あなたもきっと「この人にシゴトを頼みたい」って思うのではないでしょうか？　Eメールひとつからでも、人と人とは、お互い安心感をいだき、信頼関係を築きあげることができるのですね。相手が読んで、安心できるような、信頼していただける言葉を選び、その言葉からイメージする色を想像しながら文章を書く習慣をつけましょう。

ポイントは、人を安心させる色をイメージしながら書くということです。人を**安心させる色、それは「青緑」**色です。だから信号機の青もよくみれば青緑色ですよね。

ちなみにこの香苗さんから、またしばらくしてこんなご報告をいただきました。「営業成績もアップし、そして、上司の推薦もあり『昇進』することができたんです。でも、それだけではないんです。シゴトの成功もすごくうれしかったのですが、なんと結婚を前提にお付きあいをしたいと言ってくれる彼と出会えたんです！　ほんとうに、文章の書き方の威力はすごいですね！」

香苗さんは、公私ともにハッピーライフを送っているようですね。

ぜひ、あなたも試してみてください。

「ホウレンソウ」は縁です

ホウレンソウは相手の立場で

シゴトの「ホウレンソウ」。あなたも、新入社員のころに研修でならったのではないでしょうか？　そう、「報告・連絡・相談」のことですね。

でも、あなたは今、このホウレンソウを完璧に行っていますか？

もちろん、あなた自身では、行っていると思うでしょう。でも、マナーとは、相手の立場にたつこと。あなたの上司や先輩、お客様は、あなたのホウレンソウをどのように評価しているでしょう？　ホウレンソウは、アルバイトであっても、派遣社員であっても、正社員であっても、もっと言えば、恋人や家族の関係においても、信頼関係を築く上で基本となるたいせつな行動なのです。

入社5年目の京子さんは、先輩にこっぴどく叱られ、そしてとても怒っていました。

「私はこんなにがんばっているんです！　それに、何度もやっていることだったから、こんなこと報告しなくったって、先輩は、わかってるって思ったんです」

お客様へ商品を送ったという連絡を報告しなかったということで、先輩に怒られたようでした。

どうして、京子さんは怒られてしまったのでしょうか？

シゴトはひとりで成立するものではありません。「こんなこと報告しなくてい い」というのは、京子さんの判断基準ですよね。上司の判断基準ではありませんよね。じつは上司にとってはとても重要なことであったのかもしれません。常に、相手の立場にたってシゴトを行わないから叱られてしまったのですね。

そこで、京子さんにはこんなアドバイスをしました。

「誰だって、叱られたくはないよね。だとしたらまずは京子さんが、上司や先輩、会社の要望に100％そえる人財になる必要があるんじゃないかしら？　そうなるには、自分中心ではいつまでたっても同じ場所で足踏みをしているのと同じこと。『私はやっているわ！』『私はこんなにがんばっているのに』というのは、京子さんの目線、京子さんの立場でがんばっているだけじゃないかしら？　シゴトにおいては、それは当たり前のこと。だから誰もほめてもくれないの。でも、京子さん、確かにがんばっているんだからほめてもらいたいよね。そうなるには、まずは『素直』になることよ」

さっきまで怒っていた京子さんは、ちょっとシュンとなって、反省しているようでした。

この報告、どんなカラー？

つぎの2つの会話のそれぞれに、そのセリフからイメージされる色をあなた自身で考えてみましょう。

上司「昨日の報告書を提出しましたか？」

A子「え？　……。調べます」

上司「提出したかどうか、調べないとわからないの？　昨日のことよ！」

あなたがイメージした色‥
上司が怒った理由は？‥

上司「昨日の報告書を提出しましたか？」
B子「いいえ、まだです。申し訳ございません」
上司「まだなのね。では、早く提出してね」

あなたがイメージした色‥

いかがでしょうか？　違いがわかったと思います。
ちなみに、私は前者を色にたとえることができず、ギスギスした空気をイメージしました。

後者は、最後の上司のセリフに、安心を感じる「緑」を思い浮かべました。あなたは、いかがでしたか？

さて、最初のA子さんのセリフは、上司の質問に対して応えていませんね。上司は、提出をしたのかしていないのかを知りたいのです。それに対して、「え？」という言葉と、「調べます」という言葉は、上司の立場から見ると「あなた、私の質問に応えていないわよ！　私の言ったことを聞いていなかったの！」＝「私をバカにしているの！」と思ってしまったんですね。このように思う上司がたくさんいることを覚えておきましょう。

一方後者は、提出していないことを素直につげ、お詫びの言葉も伝えています。自分の言うことに対して素直なコミュニケーションをとってくれる人を上司は好みます。どんなに実務ができていたとしても「人間」として好かれる人は、ビジネスシーンでも、プライベートシーンでもハッピーになれます。

緑は筋肉の緊張を減少させてくれる

一般的に『緑』は、生理的に落ち着き、呼吸がゆっくりと進み、血圧が低くなる、と言われているほど、安心感を抱く色です。逆に言えば、刺激的でない、平凡、平均的、普通、という印象を与えます。

緑は筋肉の緊張を減少させてくれる色なので、プレゼンテーションなど、人前で話すことが苦手な人、緊張する人は、緑色の下着を身につけるなど、**肌に近いところに緑を取り入れてみる**と落ち着くかもしれませんね。

報告連絡相談はマナーコミュニケーションには欠かすことのできない要素です。しっかりと、ホウレンソウをしあう人間関係を築いていきましょう。

そういえば、ポパイは、「ほうれん草」を食べてハッピーになりました。ほうれん草は何色だったかしら？

電話応対は「水色の声」でうまくいく！

音と色には関係があります

女性の甲高い声や、ヨン様などのスターに対して声援を送る時の声は「女性たちの黄色い声」という表現をされますね。どうして、「声に色が？」と思いませんか？

そうなんです。じつは**科学的に「色」と「音」には、密接な関係があることが**実証されています。

今までいろんなシチュエーションや言葉からイメージする色をお話ししてきました。これは、人はある感覚で受け止めた刺激を、その感覚の系統で直接反応する他に、その感覚器官以外の感覚でも反応します。これを専門用語で「共感覚」

と言います。

例えば、日頃から大好きな美味しいチーズケーキを、ケンカをしてイライラしながら食べても美味しいと感じないとか、嫌いなタバコの匂いも、大草原やキレイなお花畑にいたらさほどその匂いが気にならない……とか、このように違う感覚同士でも影響しあうものなのです。

これを色と音の関係でみると、カール・ジーツという学者がつぎのような実験を行っています。同じ色のカードを1秒間見せ、高音を響かせた時と、低音を響かせた時に色の見え方が違うかどうかの実験です。その結果はつぎの表のとおりです。

カラーカードの色	低音の時	高音の時
赤	青みかかった赤（赤紫色）　＋青	明るい黄色味の赤（橙赤色）　＋黄
橙	赤みかかった橙（赤橙）　＋赤	黄色味かかった橙（黄橙色）　＋黄
黄	茶色かかった黄色（黄褐色）＋赤	淡い黄色（明るい黄色）　＋黄
緑	青みを帯びた緑（緑青色）　＋青	黄色みを帯びた緑（黄緑色）　＋黄
青	紫かかった青（青紫色）　＋赤	淡く緑かかった青（緑青色）　＋黄

全色相	全体の色は濃く見えた	全体の色は淡く見えた

この実験の結果から、**低音を聴いている時は色は青みや赤みを帯び、高音の時は黄色がかって見える**ことが判明。これで「黄色い声」と言われるゆえんも納得しますね。

このように、音の刺激によって色を感覚でとらえることを「色聴」と言います。そして、音によって色をみることのできる能力をもっている人のことを「色聴所有者」と呼んでおり、この能力は誰にでも持ち得る感覚能力だと思います。

色聴所有者の方がドレミの音階を共感覚であらわした結果はつぎのとおりです。

色聴所有者の方によるドレミの音階の共感覚

ド　……赤
レ　……すみれ色
ミ　……黄金色
ファ　……ピンク
ソ　……明るい空色

（荻野眞理著『カラーシンフォニー』テキストより）

ラ……冷たい黄色
シ……鮮明な銅色

電話応対は水色の「ソ」の声、プレゼンは赤の「ド」の声

この音階の共感覚から、どの音がビジネスシーンにおいて効果的なのか考えてみましょう。

ビジネスシーンでは、「ソ」の「明るい空色」が活躍しそうですね。

私が行っているビジネス電話応対研修は、「水色の声」を出すレッスンや、水色の声での電話応対をすすめています。これは、私の会社のイメージカラーと私自身のイメージカラーが水色だからこのようなネーミングにしたのですが、電話応対の専門家でいらっしゃる斎藤ますみ先生のご著書『電話王の話す技術・聞く技術』（太陽企画出版）では、「電話応対の第一声は、『ソ』の音から始めましょう」とおっしゃっています。偶然ではありますが、電話応対は「ソ」の音でと、「水色の声」でというのは、色聴からも理にかなっている声の表情です。

このほか、音の色をビジネスシーンやプライベートシーンで意識して生かしていくことも自分磨きになりますね。人に対して納得をしていただくために、力強くプレゼンテーションを行う時は、「ド」の声で行う。彼に甘えたい時は「ファ」の声で。

いかがですか？　顔の表情に続き、声の表情も愛される女性は、その時その時に応じた声を表現するものです。あなた自身に、多くの「自分色」を存在させることにより、人はあなたから目が離せなくなるでしょう。これがイコール「注目される女性」「人を魅きつける女性」ということなのです。

声の表情レッスンの仕方

無表情の時と、ほほえんだ時と、ムッとした表情の時に発生される声のトーンをチェックしてみましょう。

①鏡の前に立ちます
②無表情で「こんにちは」と言ってみる

③ほほえみ顔で「こんにちは」
④ムッとした顔で「こんにちは」

いかがでしたか？　②〜④の声のトーンは違っていましたね。

⑤つぎに**「ソ」の声を出してみましょう。**「ソ」の声で「こんにちは」と言ってみます

この声を出すには、**顔の表情がほほえんでいないとでない**はずなんです。

やはり、ほほえみの表情はいつでも必要なものですね。あなたがいつも「水色の声」で電話応対をなさいますように。

Hiroko's Column

プラスを呼ぶ手のひら術

ビジネスで、プライベートでちょっとしたしぐさで幸運を呼び込み、気持ちを明るくしてくれる方法があります。

私は、日頃から、手のひらを人様に向けるように心がけています。

中国では、古来より**手のひらを「陽」**。
手の甲を「陰」と表現していたそうです。

確かに、人をご案内する時は「こちらへどうぞ」と言って手のひらをみせて案内しますし、「こちらはいかがですか?」と商品をすすめる時も、指で商品をさすことはありませんね。

また、手のひらを見せるということは、「私はあなたに心をひらいていますよ」のサインでもあります。

心をひらいてくれている人に、人は安心してコミュニケーションをとっていきます。

だから人間関係もどんどん広がっていくのでしょう。

そこで、私は、写真にうつる時やプレゼンなどの時など、手のひらを意識的に上に向けるようにしています。

そうすることによって、明るい印象が表現され、すべてが陽転する気持ちになります。

性格や表情を明るくしたい、と悩んでいるあなた。まずは、手のひらを上に向けることから始めてみませんか?

私は手のひらを上に向けるように意識をし始めてから、顔の表情も自分自身の心も自然とほほえむようになりました。

明るい性格や笑顔からは、どちらかといえば、イエロー系の明るい暖色系を連想します。でも、陰が存在するから陽がはえるんですよね。

人生も苦しくつらい時があれば、必ずそれに反比例した幸せが訪れます。

暗闇を経験しているからこそ、本来は見逃すような小さい一点の光を見つけることができるのです。そして、その光に夢と希望を抱き、その光に向かって一歩一歩すすんでいくのです。

その光は、やがてあなたを神々しく輝かしてくれることでしょう。

今、あなたに見える光は何色ですか?

Chapter5

カラーのパワーで
あなたを癒す

心とカラダを整えると自分の中からカラーが生まれる

行き詰った自分からの脱出法

ストレスがたまって苦しい……

人生つまんない……

何かいいことないかなぁ……

いつもは前向きに自分を磨いていても、気がつくとこんなふうに思ってしまうこともありますよね。あなたは、そんなネガティブな、行き詰った自分から脱出する方法を持っていますか？　なりたい自分になり、**夢をかなえるためには、ネガティブになった感情をうまくコントロールして、なるべく早く気持ちを前向きに戻すのがポイントです。**

この章では、疲れを癒しあなたを元気にしてくれる色の効果的な使い方、そして見方についてお話ししましょう。

疲れた心の癒し方のひとつには、「カラダからのアプローチ」があります。心が疲れた時、カラダを動かし、カラダのほうから心を調整していくのです。

歪みのない心とカラダは、色を正しくみることができます。また、心が研ぎ澄まされると、**あなたの中から色がつむぎだされる**のです。その色を見つけること……それはあなたを癒すばかりではなく、あなたの可能性をもっともっとひろげることでしょう。

ヨガと瞑想は心とカラダを癒す

私も、20代後半のころ、気がつくとよくネガティブな自分になっていることがありました。年齢を重ねていく中で、友人たちはつぎつぎと結婚し、出産、子育ての忙しそうな日々。一方私は、シゴトを終え終電で誰もいない家に帰り、グチを聞いてくれる友人もいない。もちろん、電話をかける人も、かけてくれる彼もいない……。

その頃、私がはまったことは、お香をたき、リラックス音楽をかけながら、「ヨガ」をすることでした。そして、ヨガをした後に、座禅を組んで「瞑想」をします。世界的超スーパースター、マドンナさんもヨガや瞑想を行っているそうですよね。

ヨガをしようと思ったのは、自分の体内を整え、身体的にも精神的にも「美しくなりたい」と思ったからです。

さて、実際にヨガを行うと、体内がキレイに浄化された気分になりました。

そして色が、より一層鮮明に見えるようになったのは不思議でした。色を正しく見るためには、歪みのない心と体がキーであることを実感したのです。そしてそれは、人生をハッピーに過ごすコツでもあると感じたのです。

そして瞑想をすると、**真っ暗な瞳の奥から「いろんな色」が見え始めます。**

その色に身を任せ、何を考えることなく自然に身を任せます。そうすると、シゴトでつらいことがあっても、何もない平凡な日々がつまんないと思っていても、目の前に見える色とりどりの色たちと愉しく会話をすることで、ネガティブなことが自分の中から出て行ってくれるのです。

その後は、清々しい気分で眠りにつけます。この瞑想の快感は一度味わったらやめられません。そこで、私は毎日、お風呂上がりにヨガを行い、その後、瞑想するようになりました。その後、私は、人生が好転するきっかけとなった英国行きを決意するのです。

ここで、私が行っているヨガ&瞑想のしかたをカンタンにご紹介しますね。

① 最初に「三呼一吸」という呼吸を行います。全身の毒素を口から「ハァー」っと吐き出します。これを3回続けます。

② つぎはストレッチです。ストレッチを行う時は、リラックスできる環境音楽を流しながら行います。床に両足を広げてのばして座り前屈をして、片足づつ指先をもって10秒間そのまま。右左ともに3回づつ。続いて、ヨガの「ネコのポーズ」と「コブラのポーズ」を10回ずつ。ここまで行うと、身体が軽くなり、体内にたまったその日の毒素が放出され、スッキリ気分になります。この状態にまで自分自身を律したら、瞑想の準備完了。

③ 自分が一番落ち着ける場所にあぐらをかき、背筋を伸ばして座禅のポーズ。

④ 両手の手の平を上に向けて親指と親指の先をつけて2つの卵を持つように

軽く手の平を丸めます。肩の力を抜いて、自然な姿勢で手は前におきます。

⑤ ゆっくりと目をつぶって、意識を眉毛と眉毛の間、少し下の位置の「第3の目」と呼ばれている場所に集中させます。

ご興味のある方は、試してみてください。

Hiroko

「踊り」で色を見ると あなたの可能性がひろがる

心を研ぎすませる時何色が見えますか？

ご紹介したように、私の場合はヨガや瞑想で、ストレスやネガティブな気持ちを癒していました。疲れやネガティブな気持ちを癒すカラダからのアプローチ法として、いろいろな運動やスポーツがあると思います。マラソンやテニス、合気道や太極拳……なんかもいいかもしれませんね。

私が身近にいてステキだなと感じる女性はたくさんいますが、その中の3人に共通していることがありました。

3人とも、**姿勢がよく、スタイルがいいんです。**

そして、**「踊り」を行っている**ことが共通でした。

そこで、その3人の女性にお話をうかがってみると、どの女性も**踊りによって、自分自身の可能性を広げ、また色を意識して踊っていた**のです。

それでは、美しく、そしてご自身の可能性を広げ活躍していらっしゃる3人の女性を紹介しましょう。

「アルゼンチンタンゴ」黒、シルバー……でシャープな美しさを手に入れる

おシゴトでも、プライベートでもお世話になっている西尾奈保さんという、とてもスレンダーで、美しいボディラインの女性がいらっしゃいます。

西尾さんは、あの大手化粧品メーカーのDHCで今、世間が注目しているCSRを社内で担っているとってもステキなキャリアウーマン（株式会社DHC CSR事業『人間塾』http://career.dhc.co.jp/）。憧れの女性です。また、世界の『マリ・クレール』で連載をなさっていたこともありました。

そんな西尾さんのご趣味は、**アルゼンチンタンゴ**。西尾さんによると、踊っていると、**『心とカラダ』が一体になる感覚**が生まれてきて、五感をフル稼働させるので、「地に足をつけて生きている実感」と「女性である喜び」が生まれてく

るそうです。

踊っている時に見える色をうかがってみました。

「イメージとしては、黒のドレスと紫煙です。黒・シルバーのハイヒール、いぶし銀のアクセサリー。モノクロの映画の中の、マリーネ・ディートリッヒのアンニュイな感じです。アルゼンチンタンゴの背景は、下層階級の男女が場末のバーで生活苦の不満をひと時でも忘れるために、もつれあい、誘いあい、身体を寄せ合いながら踊っていた、というものです。ヨーロッパで生まれた社交ダンスの『コンチネンタル・タンゴ』とは、踊りも感性も違うものです」

西尾さんは、アルゼンチンタンゴと出会ってまず、人から見られる印象が変わったそうです。着る服も、黒、ピッタリしたパンツなどが増え、ヘアスタイルがショートボブになり、髪の色も黒に戻したので、周りからシャープな雰囲気で、姿勢がよいとほめられることが多くなったそうです。さらに、大人として成熟することは愉しいというのを実感なさったそうです。

明るいオレンジ、黄色……「フラメンコ」で自己表現

日本―スペインで数々の大舞台で活躍し、様々な舞台やショーで幅広い活躍を続けている石井智子さんという女性がいらっしゃいます（http://tomokoishii.com/）。

私とは、かれこれ10年間のお付きあいをさせていただいています。3年前にかわいらしい坊やをご出産なさり、その3ヶ月後には堂々とあの新国立劇場の舞台にて、主役を演じられたという快挙を成し遂げた、美しく、そしてパワフルな女性です。

石井さんにフラメンコから連想する色、踊っている時に見える色のお話をうかがいました。

「フラメンコから連想する色……情熱的な赤と言いたいところですが、フラメンコもいろいろな要素があり、踊っている時には曲にもよりますが、**明るいオレンジ、黄色、そして暗い黒、**紫がイメージされます」

石井さんは、9歳からフラメンコを習っているそうですが、フラメンコをするために、**すべてのことに全力投球するようになった**そうです。

もともと引っ込み思案だったそうですが、フラメンコで自分を表現できるようになり、少しずつ普段の石井さん自身の性格がオープンになってきたとのことです。

「日本舞踊」美しい日本のカラーを見て美しい大和撫子に

私の元には、全国からマナー講師や、カラーコーディネーターとして活躍したい人々が集っています。そこで、私たちと一緒に活動をしてくださっているのが五島裕子さんです。

五島さんは、外資系航空会社の客室乗務員として活躍中で月の半分を海外で過ごし、残りの半分を日本において、私と一緒にマナーやアロマセラピー、ビジネス英語の講師として弊社のマナーサロンや企業、学校などで活動を行っています。

五島さんは、5年前から**日本舞踊**を始めているそうです。さっそく、うかがってみました。

「私が、日本舞踊から連想する色は鶯色《うぐいす》です。舞台から醸し出される一種独特の雰囲気は、古くから日本に伝わってきた日本舞踊の歴史を感じさせてくれます。また、日本舞踊を踊っている時に目の前に見える色は、私にとっては藍色なんです」

客室乗務員として、海外の方に接することも多く、また海外に行くことも多い五島さんは、ついつい言動が西洋的になってしまうことが多いそうです。

そんななか、着物を着て、日本独特の色を見、日本舞踊を踊ることによって、「日本人としての自分を再確認するんです。今の私にとってはなくてはならないお稽古事です」とのことです。

また、日本舞踊をするようになってから、機内でお客様の前で行う「非常用設備の案内」をしている時の手の動かし方が、他の客室乗務員とは違うとほめられることがあるそうです。日本舞踊をしていることを話すと妙に納得されるようです。

いかがでしょうか？　私も踊りを習いたいなと思う今日この頃です。

あなたも、もしご興味がわいた踊りがありましたら、チャレンジしてみてください。

カラーと香りの相乗効果

香りからカラーを連想し癒し効果アップ

昨年出版した『愛されＯＬの１週間のおシゴト術』（総合法令出版）の本文中で、ストレスをためた時、アロマオイルを使用して、プラスの気分に変えてくれるスプレーのレシピを紹介しました。

これは、とても好評で、読者の方々より「私も試してみました！　気分が爽やかになって、イライラすることもなくなりました」というお便りをたくさんいただきました。

精油のアロマオイルを使用したスプレーは、人工の香りとは違い、カラダの芯から癒してくれます。

また、殺菌効果もあるのです。私もいつもこのスプレーを自分で作って、**お掃除をしたり**（拭き掃除に最適です）、**空気の洗浄をしたり、気持ちの安らぎ、癒しに役立てています。**

そして、私は、よい香りから必ず色を連想するようにしています。

例えば、「金木犀の香り」と聞けば、「薄めのオレンジ色」。「イチゴヨーグルトの味と香り」からは、「ほんわかピンク」を。温泉の檜風呂に入ったら「檜の香り」が、私の脳裏を「透明に近いモスグリーン」にしてくれます。安心感とリラックスでしょうか？

モスグリーンの香りの思い出

モスグリーンと言えば、檜の香りとともに大好きな父のことが思い出されます。

父がこの世を去ったのは、私が29歳の時。ちょうど、私はカラーのレッスン中でした。そこにその悲報を聞いたのです。聞いた直後は、あまりにも突然のことだったので、何が何だかわからず、ただ、ぼーっとし、その事実だけをカラーの眞理先生に伝えました。涙を流さない私に眞理先生は言いました。「泣いてもいいんだよ」。

私は、眞理先生のお腹に抱きついて大声で泣きました。その時に、一緒にカラーを学んでいた友人のユカちゃんは、私の荷物を片付けてくれました。「ひろこちゃん、気をしっかりね」。眞理先生とユカちゃんに見送られ、私は九州の父の元へ。

父がこの世を去った当時、「好きな色は？」と聞かれると私は迷わず、モスグリーンを選んでいました。かといって、その色の洋服を着たりすることはありませんし、小物として身につけることもありません。ただ、ただ、その色が好きでした。

このモスグリーンから想像するものは、私にとっては「父」そのものでした。なぜ、モスグリーン＝父なのか？　それは、父はモスグリーンが大好きで、車や、ネクタイ、ジャケットなど、彼の身の回りにはモスグリーンがたくさん存在していたからでしょう。そして、私の中でモスグリーンは、安心感を抱く色なのです。だから、私は仕事で落ち込んだ時、父に相談したいことがおきた時は、モスグリーンを連想させる檜の香りと共に過ごしています。

あなたも、そんな思い出の色がありますか？　その色から連想する香りはなんでしょう?
もしくは、思い出の香りから、色を連想してみましょう。
温かな思い出は、きっとあなたを癒してくれるでしょう……。

Hiroko

カラーと香りのストレス回復レシピ

香りを使ったストレス回復法があります

前項でも紹介したアロマテラピーにくわしい五島裕子さんに、「香りを使ったストレス回復法」をうかがってみました。五島さんは、外資系航空会社の客室乗務員として活躍中、月の半分を海外で過ごし、残りの半分を日本において過ごすというとてもハードだけれど充実した生活を送っています。これからご紹介する「色と香りのストレス回復レシピ」があるからこそ、パワフルに美しく活躍できるのでしょうね。

私も教えてもらって使っています。どれもカンタンにできるものばかりですから、ぜひ、あなたもお試しあれ。

頭をスッキリ！　水色のペパーミント

フライトの多い五島さんが一番悩まされるのは、「時差ボケ」だそうです。滞在先でいくらきちんと寝た後でも、カラダのだるさや眠気が残ることが多いそうです。

そんな時はこのペパーミントの香りが活躍します。ペパーミントは、葉のみの植物で花などは咲きません。爽やかなフレッシュな香りから、想像する色は「水色」。ペパーミントは脳神経を適度に刺激し、気分をリフレッシュさせたい時、スッキリさせたい時に役立ちます。

五島さんが、一番カンタンな方法としてよくするのは、**ペパーミントのエッセンシャルオイルをハンカチに一滴たらし嗅ぐこと**だそうです。ぼーっとした頭をスッキリさせることができます。睡眠不足の時にも利用できそうですね！

優雅でちょっと特別な自分にしてくれる、ピンクのローズ

ローズは花の女王。香りもやはり格別なものがありますね。

ローズの優雅で華やかな香りは**女性として自分に自信を持ちたい時、女性らしさを求めたい時**に役立ちます。イメージするのは、やはりピンクです。

いろいろなボディケア用品にも使われていますよね。五島さんは、バスルームではローズのボディーシャンプー、お風呂上がりにはローズのボディーローションを……そうすると部屋の中もローズの香りでいっぱいになり、さらに気分を盛り上げたい時は、ローズのキャンドルを焚いて、優雅な時間を演出するそうです。

ローズは自分をちょっと特別な存在に感じさせてくれる、そんなステキな香りです。

安眠を誘う、紫のラベンダー

客室乗務員のおシゴトは、通常、朝現地に着き数時間昼寝をし、現地の夜に再

度寝るという生活だそうです。夜は時差のためなかなか眠りにつくことができないそう。

そんな時に活用しているのが**「夜の香り」、ラベンダー**だそうです。

バスタブにお湯をはり、その中に3滴ほどラベンダーのエッセンシャルオイルを入れ、足を入れます。湯気からラベンダーの香りが立ち、部屋にもラベンダーの香りが広がり、**気分はリラックスモードに……**。足が暖まることで、心も更に落ち着きます。好みでローマンカモミール（ラベンダー2滴、ローマンカモミール1滴）をブレンドしてもおすすめです。とても優しい香りになります。

元気な朝になる！　オレンジ色のローズマリー

ラベンダーが「夜の香り」なら、**ローズマリーは「朝の香り」。元気と活力を与えてくれる香り**なので、イメージは太陽のようなオレンジです。

朝早くからおシゴトの時は、アロマライトなどを使いローズマリーの香りで芳香浴。眠気を払い、元気を引き出してくれます。そして少しずつ、仕事モードの自分へ変わっていくのを感じるそうです。

ローズマリーは血液の循環を促す効果があります。

「手足がいつも冷えている私には欠かせないエッセンシャルオイル。手浴、足浴にしたり、お風呂に入れたりして体を温めてくれるんです」。

ローズマリーのエッセンシャルは多少刺激があるので、天然塩やバスオイルにエッセンシャルオイルを加えて使うようにしましょう。

Hiroko

お酒のカラーでストレス解消！

飲む時は色のパワーを意識してみて

ストレス解消をお酒に求める方は多いですよね。

仕事でイライラしている時、彼から連絡が一週間以上ない時。私も、無償にアルコールを飲みたくなります。といっても、一口飲めばすぐに顔が真っ赤になって酔っぱらってしまうので、多くの量は飲めないのですが……。結婚してからは、後者の寂しさはなくなったので、最近では飲む機会も少なくなりました。

我を忘れるほどお酒を飲むのは、やはりおすすめできませんが、程よく愉しく飲むのは、ストレス解消できますよね。そして、せっかく飲むのなら、**お酒の色を意識して、色のパワーを取り入れてみましょう。**引き続き、ワインなどにくわ

しい五島さんへのインタヴューをもとに、解説をいたします。

女性同士の飲みにピッタリ！　ピンクのロゼワイン

「ロゼワイン」からはピンク色を想像できます。

このワインは女性に大人気です。軽い口当たりでワインが苦手な人でも、他のワインに比べると飲みやすく、誰でも気軽に楽しめるそうです。

五島さんは、親しいお友達とティータイムを楽しむ時、紅茶やコーヒーを飲む代わりにロゼワインを選ぶそうです。ロゼワインは、ケーキやクッキーなどの甘いものとも合うそうですよ。

また、ロゼワインのピンク色は女性同士の会話を更に盛り上げてくれる効用も！　おしゃべりに花を咲かせるにはまさにぴったりの飲み物のようです。

ゴージャスな日には、ゴールドのシャンパーニュ

「シャンパーニュ」はどうでしょう？　シャンパーニュから連想するのはゴールド

カラー。これは輝きを伴う特別な色のように思います。ですから、お誕生日や記念日のような特別な日に飲まれることが多いようです。

グラスの中から一筋の美しい泡が立ち上り、これが華やかな雰囲気を演出してくれます。五島さんは、エレガントな飲み物、シャンパーニュを空ける日は、ドレスアップして思い出に残る一日にするそう。なんだか、ゴージャスでステキな愉しみ方ですね！

様々なカラーの赤ワイン・白ワイン

一般的に、レストランには「白ワイン」と「赤ワイン」がありますね。

白ワインの色は、緑がかった黄色、麦わら色、黄金色まで様々です。

ちょっと暑い日には緑がかった黄色のフレッシュでフルーティーな白ワインをセレクト。初夏のオープンカフェで爽やかな風を感じながら飲むと、気分も最高！　仕事のストレスや悩み事も少しの間だけは忘れて、身も心もリフレッシュさせてくれる白ワインです。

一方、紫がかった赤色、ルビー色、ガーネット色、れんが色。赤色といっても

ワインの赤は一言では言い尽くせないほど、数多くの赤が存在します。

五島さんは、その日の気分で色からワインを選んでいるそう。

例えば、雪がちらつくような寒い日、明くる日にはフライトもない。そんな夜はコクのあるしっかりとした赤ワインとチーズを用意して、お気に入りの映画や本をお供にしてワインをじっくりいただくそうです。

いかがでしょうか？　いつまでも乱れた酔っ払いになるストレス解消のお酒を飲んでいるなんて、もったいないですね。

ちょっと色を意識すれば、お酒は、大人なストレス解消法、愉しいひと時を、あなたにもたらしてくれるのです。

季節の花のカラーで幸運を呼び込む

ゆっくりひとりで過ごす休日には、部屋とあなた自身をすっきりさせる掃除をしませんか？　そして、キレイになったテーブルに一輪でもいいから、その季節にあったお花を飾りましょう。

【1月　マーガレット】花言葉……心に秘められた愛、恋占い

気の高ぶりを鎮め、リラックスさせてくれる癒し効果のある花。白のマーガレットにはピュアな気持ちになれる色の効果があります。新生活を始める時、気持ちをリセットしたい時にうってつけですね。

【2月　チューリップ】花言葉……美しい瞳・愛の告白（赤）新しい恋（白）名声（黄）愛の芽生え（ピンク）

低血圧の人、朝が苦手な人にオススメしたいのが赤いチューリップ。血行を促進し、低血圧を改善する効果があるそうです。今週もおシゴトがんばろう！　という月曜日に洗面所に一輪、いかがでしょうか。

【3月　スイートピー】花言葉……優しい思い出・門出

和名、「においえんどう」。その名のとおり、甘い香りが、安らぎや安堵感を与えてくれます。ピンク色なら、相乗効果でリラックス効果大。ゆったりくつろぐリビングなどにいかがでしょうか。

【4月　バラ】花言葉……熱烈な恋（赤）、美（黄）、暖かい心（ピンク）、私はあなたにふさわしい（白）
華やかなバラは、1、2本でも充分な存在感。甘い香りはホルモンバランス、自律神経を整えてくれる効果があります。

【5月　カーネーション】花言葉……愛を信じる清らかな慕情（赤）、美しいしぐさ、あなたを熱愛する（ピンク）、貞操（白）
おなじみ、母の日の定番ですね。ピンク、白系には解熱・解毒作用があるそうです。疲れ気味のお母さんには、鮮やかな赤よりピンク・白系の優しい色に、感謝といたわりの気持ちをこめてはいかがでしょうか。

【6月　カスミソウ】花言葉……感謝・切なる喜び・清い心
それ自身が主役というより、引き立て役としての役割が多い花ですね。そんな謙虚なカスミソウは、精神を安定させる作用を持っています。いらいらしてシゴトに集中できない時、眠れない夜が続く時、さりげなく生けてみたいですね。

【7月　ゆり】花言葉……純潔（白）、飾らぬ美（黄）
ダイエット中のあなたにオススメ。甘い芳香成分が、食事制限のストレスを和らげてくれます。また、キリスト教では、花言葉のとおり、白ユリは、聖母マリアの

純潔の象徴だそうです。

【8月　トルコキキョウ】花言葉……優美・希望・思いやり

淡い紫のトルコキキョウは、情緒の安定を助けてくれます。規則正しい食生活、休養をとるリズムを取り戻すために、身近に飾ってみては。寝室に生けるのもオススメ。

【9月　グロリオサ】花言葉……栄光

グロリオサは、ラテン語の「栄光の、見事な」に由来するそうです。とっても個性的なトロピカルな印象は、まさに「気」と活力を補ってくれます。夏バテで疲れきった時、花そのものの大胆さを生かすようにシンプルに生けたいですね。

【10月　ガーベラ】花言葉……神秘

赤いガーベラには、身体が温かくなり、疲れやすさを解消してくれる効果があるそうです。落ち込んだ時には、パステルカラーが効果的とか。人間ですもの、がんばる気力もない時だってあるもの。そんな時、そっと寄り添ってくれる強い味方になってくれそうです。

【11月　スプレーギク】花言葉……高潔（黄）、真実（白）、真実の愛（赤）

言わずと知れた秋の花ですね。食欲の秋、疲れた胃を癒してくれる効果をもつのは、黄色い菊。また、清涼感のある香りには鎮痛効果があるそうです。

【12月　ラン】花言葉……有能・可憐（デンファレ）
花粉や香りが少ないことから、気管支系が弱い方にもオススメできます。細い茎に美しい花を咲かせる姿は強い生命力を感じさせ、ストレスを解消してくれるそうです。豪華で気高いイメージのあるランは、贈答にもオススメです。

参考文献
『身近に活かす花療法』（片桐義子著／竹内書店新社）
株式会社日比谷花壇公式サイト http://www.hibiyakadan.com/
個人サイト「ギフトモール・贈り物のアイディアとマナー」
http://www.giftmall.info/onlyflower.html

エピローグ

あなたも周りもハッピーにする魔法のツール

『魔法のプリンセス ミンキーモモ』『魔法の天使 クリィミーマミ』『魔法の妖精ペルシャ』……といった、女の子が魔法で変身するアニメが、80年代にありました。

どの主人公も、魔法のツール（スティックやネックレス）で、キレイで様々な才能のある大人の姿に変身します。

そして、周りのいざこざや問題を解決したり、出会った人に夢を与えたりしていました。

カラーの魔法は、そんな魔法のツールです。

プロローグでも西出先生がお話しされていますが、このカラーの魔法は、相手を思いやる気持ちである「マナー」がベースになっています。「カラー×マナー」なのです。

だから、このカラーの魔法で望む姿に変身したあなたは、あなた自身が輝くだけではなく、周りの人をハッピーできるのです。

この本でご紹介した内容のできることから実践してください。

「なりたい自分」になって、あなたとあなたの人生を輝かせてください！

吉村まどか

西出博子のあとがき

今日も朝起きて玄関ドアを開くと、そこにはいつも優しい色合いの朝の景色と新鮮な香りの空気が、一日をスタートさせる私にほほえんでくれる。

なんて有り難いことでしょう。

暗闇や、強風時にドアを開けることは怖いかもしれません。

でも、自らの手で人生のドアを開けた人に、成功と幸せの女神はほほえんでくれるもの。

「カラーを学ぼう！」そう思った日、私は一枚の新聞の折り込み広告に出会いました。『新スタイルのカルチャースクール 青山にオープン！』

私は何も迷うことなくすぐに電話をかけて、「カラーの講座を申込ます！」と。

「一度、見学を兼ねて体験レッスンにいらっしゃいますか？」

「いいえ、今すぐ、カラーを学びたいんです！　見学などなしで、早く通わせてください！」

そうして出会った荻野眞理先生のカラー。私は20代後半で、眞理先生と出会えたこと、眞理先生からカラーを学ばせていただけたことは、人生における幸運のひとつです。

自分の人生において「師」と仰げる人が存在することは、人生を豊かにします。あなたのそばに、あなたの「師」はいますか？


そして、その後の「私」という人間形成において、カラーとマナーを通して学んだことは大きく影響し、それは人間としての幅が広がり、奥深さを養えました。

その後、英国での生活を経て、今、なりたい自分になれました。

その秘訣は、やりたいと思ったことに対しては迷うことなく即、決断し、即、行動すること。そして、どんなことからも逃げることなく、真っ向から正々堂々と誠実に真摯に相手と向き合い、コミュニケーションをとる。

そして、努力をした結果、青空から強運を贈っていただけたのだと思います。

ぜひ、あなたも本書に書いてあることを実践し、あなたが輝き、周囲の人々を明るく照らす存在になってくださることを願っています。

そして、勇気を出してあなた自身で、あなたの輝く扉を開けてくださいますように……。

扉の向うには、光輝く色たちがあなたを「お待ちしておりました」と温かく迎えてくれることでしょう。

最後になりましたが、素晴らしい企画・編集をしてくださった総合法令出版の金子尚美さん、営業の熊切絵理さん、いつもありがとうございます。

そして、本書を手にとってくださったあなたに「ありがとうございます」。

あなたとの出会いに心から感謝します。

あなたが今以上に、ますます光り輝きますように。

吉村まどかのあとがき

「まどかさん、カラーとマナーの融合をテーマにした本の企画を考えているのだけど、どうかしら？　少し書いてみない？」

西出博子先生より、思いがけなく声をかけていただいたのが昨年の夏ごろでした。

西出先生と出会い、同時に色の魔法に目覚めた私の人生は大きく変わりました。この本では、その自分自身の経験をうまくいかなかったことや、失敗も正直に書きつづっています。

そして、私のようなつらい思いはしてほしくない、みんながハッピーに愉しく毎日をすごせますように、という願いをこめています。

つたない私の文章を、見違えるように編集してくださった総合法令出版の金子尚美様、同じくお世話になっております営業の熊切絵理様、企画を実現させてくださりありがとうございました。

それからハッピーマナーサロンの受講者の方がた、五島裕子先生、矢島文絵先生始め講師・スタッフのみなさん、いつも支えてくださりありがとうございます。

私の仕事を理解してくれる家族には感謝してもし足りません。

そして西出博子先生、先生との出会いなしには今の私はありえませんでした。みんなのハッピーのために、これからもマナーの輪を広げる活動を行ってまいりたいと思います。ありがとうございました。

著者プロフィール

西出博子（にしで・ひろこ）

大妻女子大学 文学部 国文学科 (現 日本文学科) を卒業後、国会議員などの秘書を経て、21 歳のときから目指したマナー講師として 27 歳で独立。本物の講師になるために、カラーを萩野眞理氏に師事した後、31 歳で渡英。英国オックスフォードにて、日本と海外の色の特徴なども学び、英国と日本の良さを融合させたマナーコミュニケーション® 論を確立させ帰国。現在、英国法人ウイズ・リミテッドの日本における代表者として、企業研修や講演などを行う。その独特の講義手法や内容の確実性は高く評価され、テレビや雑誌などで数多く紹介されている。
著書に『愛され OL の 1 週間おシゴト術』(総合法令)、『お仕事のマナーとコツ』(学研) など多数。任天堂 DS 使用ソフト『私のハッピーマナーブック』(TAITO) の監修者としても有名。愉しい時間を過ごす人財プロデューサーでもある。

吉村まどか（よしむら・まどか）

国際基督教大学 卒業 (大学在学中に 1 年間英国留学)。大学卒業後、国際会議運営会社にて国際会議ディレクターとして活躍。その後、エグゼクティブセクレタリーとしてその才腕をふるう。
上記秘書として実務をこなしながら、その人の本来の良さを魅きだすパーソナル・カラーなども取り入れたマナー＆イメージコンサルタントとして活躍。一方裏千家茶道では、茶名「宗真」として、また、琴（山田流）・着付も嗜む、日本の伝統にも精通。

会社 WitH Ltd. URL　http://www.withltd.com
ハッピーマナーサロンＵＲＬ　http://www.erh27.com/erh

ウイズ・リミテッド 日本支社のカラー分析法は、荻野眞理先生よりご指導いただいたカラー心理学を取り入れた、オリジナルパーソナルカラー分析を用いています。
「カラーの魔法」にかかるには、表面的ではない奥深いマナーとカラーを学ぶことでなりたい自分になれます。

協力：五島裕子
カバー写真：竹中圭樹

「カラーの魔法」であなたが輝く！
なりたい自分になれるハッピーテクニック

2007年5月7日　初版発行

著　者　西出博子・吉村まどか
発行者　仁部　亨
発行所　総合法令出版株式会社
〒107-0052　東京都港区赤坂1-9-15
日本自転車会館2号館7階
電話　03-3584-9821（代）
振替　00140-0-69059
印刷・製本　中央精版印刷株式会社

ISBN 978-4-86280-008-4

総合法令出版ホームページ　http://www.horei.com/